怎忍青史盡成灰

文革政治史批判筆記

怎忍青史盡成灰

文革政治史批判筆記

陳 兼

OXFORD

UNIVERSITY PRESS

OXFORD
UNIVERSITY PRESS

Oxford University Press is a department of the University of Oxford.
It furthers the University's objective of excellence in research, scholarship,
and education by publishing worldwide. Oxford is a registered trade mark of
Oxford University Press in the UK and in certain other countries

Published in Hong Kong by

Oxford University Press (China) Limited
39th Floor, One Kowloon, 1 Wang Yuen Street, Kowloon Bay,
Hong Kong

© Oxford University Press (China) Limited

The moral rights of the author have been asserted

First Edition published in 2021

怎忍青史盡成灰

文革政治史批判筆記

陳 兼

ISBN: 978-019-083768-6

Impression: I

「文化大革命」不是也不可能是任何意義上的革命或社會進步。……歷史已經判明，「文化大革命」是一場由領導者錯誤發動，被反革命集團利用，給黨、國家和各族人民帶來嚴重災難的內亂。

—— 《關於建國以來黨的若干歷史問題的決議》
（1981年6月27日中共十一屆六中全會通過）

毛主席過去講對「文化大革命」要三七開。七好在哪裏？「文化大革命」沒有一點好處。

—— 習仲勛

目　錄

寫在前面的話

　　時光如梭。幾乎只是轉眼之間，當我寫下這段文字時，那場「史無前例」、恐怕也注定後無來者的「無產階級文化大革命」已經結束四十多年了；距其發生，則已經半個多世紀了。

　　過去半個世紀間，中國社會和國家的變化是巨大的。曾經為人們億萬次高呼「萬歲」的毛澤東和毛澤東時代早已成為過去。後毛澤東時代席捲並改造中國，也震撼並改變整個世界的「改革開放」宏大歷史進程，同過去半個世紀間世界的變化(尤其是全球冷戰結束後的變化)結合在一起，使得今日之中國，已經達到了毛澤東若再生也絕對無法辨認的地步。

　　文革結束四十多年後，經歷過那場大動亂的人們漸漸老去、死去。經過最初一段曾被許可 —— 但仍然受到諸多限制 —— 的「反思」時光後，關於文革的討論和研究迭遭壓制，乃至關於文革的記憶遭到窒息並不斷被抹去。今天的中國，一方面，似乎顯得那麼充滿自信，但另一方面，卻由於各種「安全考慮」又那麼憂心忡忡。「有關方面」出於種種原因，竭力想人們徹底地忘卻文革。仍然記得，2016年那一年，在文革發生五十年、結束四十年的時候，對於一件如此重大的史事，整個中國大陸居然沒有任何新的研究論著發表出版，關於文革的各類學術會議和活動也難以舉行。轉眼間，五年又過去了。今天，文革研究在中國大陸成了更大的「禁區」。

這麼做，是因為要「徹底否定文革」嗎？其實，這一提法和做法本身就是大可質疑的。很多年前，文革剛剛結束不久，「徹底否定文革」曾是一種具有「即時性質」的政治表態和操作。似乎這麼一來，不需要再對文革本身的方方面面做深入的探究，就可以讓後毛澤東時代的中國同文革所造成的空前災難脫盡干係了。然而，在文革結束四十五年後，就連「否定文革」的研究也做不了。很多場合，這件事根本就不講、不提，似乎它從來沒有發生過。

　　三十多年來，我先是在中國，後來又到美國大學教書（這些年，到美國大學讀本科的中國學生真是越來越多了）。從2014年起，我又到上海紐約大學任教。每年迎來的，是一批又一批和我的年齡差距越來越大的大學生。一種真切的感覺是，他們對於文革越來越陌生，對於文革作為「重大史事」的興趣也越來越淡漠。他們有着太多的身邊及眼前的各種「關切」，又有着太多太雜並不斷更新的各色「誘惑」，沒有什麼動力再讓他們回過頭去，搜索和探討那些似乎只同他們的父母輩乃至祖父母輩有關的往事。

　　既然如此，為什麼還要回過頭去寫這場早已死去的「大革命」？

　　一個最大的理由是，這實在是一件大得不得了的事情，而相關的研究和敘事卻太缺乏了。其實，世界上再沒有哪一個國家像中國這樣，有着如此悠久且從未中斷的「修史」傳統，除官修的「正史」外，各種「野史」更是層出不窮。我是歷史學者，文革又是我親身經歷過的史事，無論從學術記述和個人體驗的角度來說，都有不少話想說，也覺得應該說。這是一樁應當由很多人參與來做的宏大事業。我覺得，自己也應當參與進去。

　　文革應該研究，還因為，那場「大浩劫」雖然早已成為過去，但它的遺風卻依然到處可見。而且，在有些方面比起當年

甚至已有過之而無不及，其中最為嚴重的，是整個社會道德底線的失守。今天年青一代的父母及祖父母，經歷過文革，身上也依然有着種種與「文革」的相通之處。我總覺得，文革的發生，同中國人的「文化基因」多少是有關的。中國歷史上，充滿着「造反有理」以及「王侯將相、寧有種乎」的事件。毛澤東說過，文革，要七八年再來一次。四十五年過去了，幸而一次也未再發生。但是，文革的許多場景(但並非全盤照搬重復)會不會重演，卻恐怕是不以人的意志為轉移的。

尤其是，忘記歷史，從來就是重蹈歷史覆轍的邏輯起始點。就文革歷史而言，就更是如此了。

我是文革的「過來人」。文革開始那一年，我在上海的一所重點中學讀書，在那裏經歷了1966年到1968年間文革大潮洶湧而起，再到群眾運動達到頂端後又猛然退潮的那幾個年頭。這期間，我曾經北上京城，在天安門廣場見到了「偉大的領袖，偉大的的導師，偉大的統帥，偉大的舵手」毛澤東。我不是「紅五類」出身，因而沒有參加早期紅衛兵的資格。但「一月革命」後，天下大亂，我們十幾個各種出身的同學(而且全部是男生)，自己打出旗號，拉出了一支自封的「紅衛兵」隊伍。除了寫大字報外，還油印出版過自己的小報。1968年，當文革開始退潮時，我又在學校成為兩本收集了各種「異端文字」的《思潮集》編印的主要參與者之一。後來，有五、六年時間，我因為莫名其妙地被捲入兩個「反革命小集團」，遭到「審查」和迫害，並兩次被投入牢房。我當年最好的朋友中有兩人，一個自殺了，一個發瘋了。我本來也是有着被「迫害致死」的可能的(我曾在牢房中有過連續四天的絕食經歷，在一次校園武鬥中，還差一點跳樓，在窗口上被拉了回來)，但我活了下來。可以説，我是這場「大革命」的倖存者。

更為幸運的是，文革結束後，我第一批獲得「平反」，趕上了參加1977年末的高考，成為「粉碎四人幫後的第一批大學生」（這是我們當時很驕傲地對自己的稱呼），讀的是歷史專業。之後，大學只讀了一年多，就考取了研究生。1982年獲得歷史學碩士學位後，在華東師範大學教了四年書，而後去美國讀博。拿到博士學位後，又一直在大學教歷史。雖然說，文革並不是我的主要研究對象，但我做的中美關係史、中共及中華人民共和國外交史、國際冷戰史等，哪一門不涉及到文革？近幾年，我又集中精力以中英文同時寫作一本周恩來傳記，文革的故事更是繞不過去的，同周恩來的關係太密切了。

現在呈現給讀者的這本小書，是我這些年來讀書思索時積累下來的一些筆記的匯集，重點是文革政治史，同時，也植入了我寫的周恩來傳的一些內容。[1] 這本小書不是 —— 從一開始就不打算是 —— 一篇關於文革史事的全面敘述。寫這樣一部論著，是我力所不及的。我做這件事，其實就是不想讓文革的記述和記憶那麼輕易地被抹去、被遺忘。這件事，需要很多人來做，不斷地來做。我在這本小書中所做的，只是聊盡綿薄而已。

1　我是同時以中文和英文寫作周恩來傳的，前後歷時已近十年。根據我和哈佛大學出版社的合同，必須先出版英文版，然後再出版中文版。中文的初稿早已形成，英文稿子卻還在一改再改的過程中。這樣，中文版的出版也一再滯後。拿出這本小書的目的之一，就是植入我的周恩來傳中的一些內容，先行與讀者分享，並獲得讀者的批評與指教。

第一章

漫長的前史

一

　　嚴格地來說，「無產階級文化大革命」這場「大革命」的發生，不可以簡單地規定為1966年的。在中國共產黨革命的歷史上，其實早已有過多次文革中種種現象的預演，也在「思想上」、「組織上」和歷史先例的開創上，早已為文革的到來準備着條件。或者說，文革的發生，有着漫長的前史，也有過種種先兆。

　　文革前的中共黨史，尤其是毛主義崛起後的中共黨史，就是一部同「文革精神」多處相通的鬥爭史。早在江西時期，就曾經發生過富田事變。其主要起因之一，是毛澤東在蘇區大舉開展「肅反」運動，並把這當作在黨內鬥爭中去除「舊人」──其實往往就是排除異己──的一種手段。結果，殺人越來越多，幾乎達到失控的地步，終於在1930年12月導致了紅二十軍的一場「兵變」，即中共黨史上佔有重要地位的「富田事變」。到頭來，殺人更多，幾乎達到了不可收拾的地步。[1]

　　幾年之後，紅軍各部在江西中央蘇區以及其他蘇區站不住

1　參見高華：《「AB團」事件的歷史考察》，載《歷史筆記》I，香港：牛津大學出版社2014年版，第103–123頁。

腳，不得不陸續放棄各處根據地，開始了後來被稱為「長征」的戰略大轉移(其實也是一場大逃跑)。這裏，固然有着敵軍過於強大、紅軍的仗沒有打好、蘇區各種資源枯竭不支等原因，但同時，這和中共與紅軍被殘酷的內部肅反搞得元氣大傷，也絕對是分不開的。

長征期間，中共領導層在紅軍面臨滅頂之災的嚴重危機時刻，發生了異動及改組。先前，在博古、李德、周恩來「三人組」的領導下，中共失去中央蘇區後，紅軍又在長征途中一再失利，僅僅渡湘江一役即折損過半，這成為1935年初遵義會議舉行的直接背景。這次會議上，並沒有像中共黨史以往所宣稱的那樣，「確立了毛澤東在黨內軍內的領導地位」，而是產生了一個以周恩來為首的軍事領導小圈子，而毛澤東則進入了這個圈子。此後，很大程度上由於周恩來說服博古放棄抗爭，自己又主動「讓權」，而遵義會議後擔任中共總負責人的張聞天也不爭權，毛澤東才得以逐步在小圈子中佔據了中心地位。這麼一來，遵義會議上的安排，也才為毛澤東在中共領導層的崛起並最終掌握黨和軍隊的最高權力打開了大門。這次相對和平的權力轉移，對中共日後之崛起關係甚大，也同毛澤東本人關於黨內鬥爭「路數」的看法改變(從殺人轉向「改造人」)，關係甚大。

長征後期，中共領導中樞及中央紅軍經歷了張國燾「另立中央」這一場中共和紅軍歷史上最大的分裂之後，歷經艱辛，好不容易到了陝北，只剩下一萬餘殘兵和幾千支破搶，似乎已被逼到山窮水盡的地步。在這個當口，毛澤東和中共領導層甚至想到要遠走塞北，固然是想「背靠蘇蒙」，徐圖東山再起，其實也是為了在走投無路時可以遁入蘇聯避難。[2] 但隨着日本

2　參見楊奎松：《蘇聯大規模援助中共紅軍的一次嘗試 —— 有關中國紅軍「打通國際路線」的經過》，載《讀史求實 —— 中國現代史讀史札記》，杭州：浙江大學出版社2011年版，第113–157頁。

文革政治史批判筆記

侵華的步步升級，「民族矛盾上升」，各種因素陰差陽錯的交匯之下，1936年12月發生了西安事變。結果，在大革命時期國共合作在血腥中終結十年之後，國、共兩黨居然又一次聯手，組成了抗日民族統一戰線，相約共赴國難。

二

抗戰八年期間，中共的政治和軍事力量獲得了巨大的發展，並從長征之後局促於陝北一隅的窘困局面之中走了出來，在全國政治舞臺上佔據了建黨以來從未有過的實力地位。其中，僅正規部隊，就從抗戰開始時的三萬餘人，擴展到近百萬大軍。這裏，原因甚多。其中很重要的一條是，毛澤東的戰略見識有高人一頭之處：他從一開始就看到，中共必須充分利用抗戰的時機，抓住「民族」的旗幟，全力發展並擴充自身的軍事政治實力，並將這一充分體現「革命功利主義」的路數當作中共整個戰時戰略及政策的重心。同時，中共在同國民黨對於中國政治話語主導權的爭奪中，又竭力抓住了「民主」這面重要的旗幟，將「民主」、「自由」的話語權掌控於自己之手中，以在野之身迫使蔣介石和國民政府在這方面處於守勢。

上述這一切，是毛澤東在政治上厲害之處的顯露。後來，當他把中國引向文革、在構建為什麼必須搞文革的「大敘事」時，就用了本質上相同的方法：他一面大講「反修」、「防修」，一面又指責蘇聯搞大國沙文主義、試圖「控制中國」，從而把「反修」這個大題目和中國人的民族主義及愛國主義訴求結合了起來。由此而產生的「繼續革命」合法性敘述 —— 文革正是從這裏引伸出來的 —— 在中共黨內政治鬥爭中無人敢說一個「不」字，因而佔盡了上風。這是後話了。

抗戰時期，中共內部還發生了同文革有着更為直接的淵源

繼承關係，也更為「接軌」的延安整風運動。[3] 只是，若同江西時期的肅反相比較，毛澤東在延安整風中處理黨內鬥爭的方式和方法已有了很大改變。

如果説，江西時期毛澤東對黨內「持不同政見者」之類的「舊人」的應對之道是大開殺戒的話；那麼，到了延安時期，他轉而採取了「一個不殺、大部不抓」的方針，整風運動的重點，也轉為集中搞「思想教育」和「思想改造」。在這方面，陳毅的感受很能説明問題。江西蘇區期間，陳毅曾與毛澤東共事，但當時毛處理問題急躁粗暴，兩人關係並不融洽。長征時，陳毅因身負重傷被留在江西蘇區，歷經艱辛後才得以倖存。1944年，他奉召從蘇北長途跋涉來到延安，參加整風運動。毛澤東親自接見他，與他徹夜長談。從毛的窯洞中走出來後，陳毅極為感慨地説：十年不見，老毛真是今非昔比，鳥槍換炮。[4] 言下之意是，毛澤東不僅有了打天下、坐天下的帝王相，也達到了一種前所未有的政治高度和思想境界。陳毅對毛澤東的「馭臣之道」若有如此評價，那麼，中共其他高級幹部及將領又何嘗不會有同樣的感受？這是毛澤東得以通過「整風」的路徑來確立並鞏固自己在中共黨內最高領導權的極為重要的原因。

問題在於，如何才能實現「整風」這場要在靈魂深處進行的「革命」？學習班、幫批會、暴露思想、反復檢討等等，胡亂上綱上線的情況比比皆是。這個過程中，逼供信、體罰甚至刑訊依然存在，但成了「思想改造」及「創造新人」的輔助手段。（至於讓人受皮肉之苦如何能同觸及靈魂聯繫起來，就

3　關於延安整風運動，最值得參考閱讀的兩部著作是：高華：《紅太陽是怎樣升起的——延安整風運動的來龍去脈》，香港：中文大學出版社2000年版；陳永發：《延安的陰影》，臺北：中央研究院近代史研究所，1990年版。

4　劉樹發主編：《陳毅年譜》上卷，北京：人民出版社1995年版，第427-429頁；同一位陳毅親屬的談話，1992年7月。

只有天知道了！）後來在文革中盛行並發展到極致的各種「整人」手段，都可以在延安整風中找到某種先例和原型。

但整風運動和文革有一個大的區別，延安整風主要還是黨內上層的事，雖然波及到了整個黨，卻沒有涉及普通百姓。相比之下，文革在執政已經十多年的毛澤東的全面掌控之下，卻推向了整個社會，把生活在中國國土上的幾乎每一個人都捲了進去。

延安整風同文革一樣，説到底，都是以「整人」（亦即「改造『舊人』、塑造『新人』」）為目的的運動。在實施層面，延安整風首先是在黨的領導層「整人」的運動。這方面例子實在太多，其中較值得回味的，是身為中共黨、軍、以及情治系統最高領導人之一的周恩來的經歷。

早在1920年代中期，毛澤東和周恩來就在廣州相識。十年國共內戰時期，周恩來長期處於中共軍事、組織、情報領導中樞，實際上也是毛澤東的上司。周恩來整過毛澤東，但也保過毛澤東，和毛澤東之間的恩恩怨怨豈是幾句話講得清楚的。周恩來在黨內、尤其是軍內輩份很高（他曾是黃埔軍校政治部主任），勢力和影響也很大，又是一個很能「做實事」的人。毛澤東不能不用他，但又覺得不可不防他，但最要緊的，還是首先要徹底「降服」他。當整風整到周恩來頭上時，毛澤東毫不手軟，採取的做法，用他自己的話來説，是要把周「一棍子打暈，再澆一盆冷水激醒」。[5]

1943年夏，周恩來從重慶被召回延安參加整風。為了在運動中過關，並獲得毛澤東的真正諒解和信任，11月下旬至12月初，他在政治局會議上對自己的「嚴重錯誤」及「罪過」連續五天做自我批判，用詞可謂兇險，態度可謂謙卑，並不斷給自己上綱上線。然而，即使他給自己扣上了一頂頂政治上的大帽

5　對一位資深黨史專家的訪談，2013年10月。

子，卻因為還沒有被「一棍子打暈」，依然不能輕易過關。直到最後，還是共產黨國際總書記季米特洛夫出面講話後，毛澤東才順水推舟（他其實本來就不打算打倒周恩來），讓周獲得了解脫。[6] 但這一經歷，卻是周恩來後來須臾不敢忘記的。

整風運動期間，毛澤東在延安文藝座談會上作了那個極富盛名的講話。在中國整個革命時代，尤其是建國後逐步走向文革的過程中，這是一個最為重要的「中心文本」，強調文藝為黨的路線、戰略、政策服務的「基本屬性」。這些，並不是毛澤東的發明，但他在對文藝的階級性、尤其是在對文藝的「黨性」的陳述和強調上，以及引申開去，在關於意識形態在革命政治中所處中心地位的論述上，真是達到了爐火純青的地步。

整風給中共最高決策機制帶來的最大變化是，1943年3月20日，中共中央政治局通過決定，由毛澤東擔任政治局主席；同時，成立了由毛澤東、劉少奇和任弼時三人組成的新的中央書記處，「澤東同志為主席，會期不固定，得隨時由主席召集之，會議中所討論問題，主席有最後決定之權」。[7] 這麼一來，毛澤東在黨內高層的政治地位，也從最高決策者之一變為無可爭議的最高決策者。1945年4月至6月，中共召開「七大」，「毛澤東思想」作為黨的指導思想寫進了黨章，進一步鞏固了毛澤東的絕對領導地位。

經由延安整風之後，中共形成了一整套以毛澤東思想為核心的「黨文化」。其中最重要的特質是：在毛澤東本人和毛澤東思想的地位定為一尊的基礎上，個人絕對服從組織，全黨絕

---

6 季米特洛夫：《季米特洛夫日記選編》，馬細譜等譯，桂林：廣西師範大學出版社2002年版，第267–268頁；毛澤東給季米特洛夫的電報，1944年1月2日，RGASPI, collection 146, inventory 1, file 13, sheet 4.

7 中央機構調整及精簡決定，1943年3月20日，《建黨以來重要文獻選編》，北京：中央文獻出版社2011年版，第20冊，第171–176頁。

對服從中央，中央絕對聽從最高領袖。由此而產生的，是革命以追求「領袖崇拜」──具體到中共，則是毛崇拜──為起點，已經為走向其聲稱要追求的人的「解放」初衷的反面打開了大門。人性的扭曲和「異化」，同領袖的被神化結合在一起，成為「革命文化」和「黨文化」的核心部分。

從一開始，上述一切就同中共黨員們要做出的一種帶有根本性質的犧牲連接在一起。它要求人們交出的，是自由思想和批判的權力──甚至試圖取消人們在這方面的本能。曾經一再以人的「解放」為目的和標榜的中國共產黨革命，在這一時刻也開始被縮小和矮化到了維繫於一人之身、歸結於一人之思想的地步。革命本身，不斷地變成一個巨大和無所不包的思想牢籠，它以一些「崇高」教義為名，禁錮着革命參與者的思維和想像，使得他們日益失去「自我」，在思想、精神乃至心靈上，都成為革命的囚徒。

延安整風後，中國共產黨革命「合法性敘述」的最終界定權力，交到了毛澤東一人之手中，而且，在機制的層面，沒有留下日後能夠對這種權力一旦無限膨脹乃至失控時，對之加以制約的設計。在這樣一個歷史的轉折關頭，革命之幸也同革命在更大意義上之不幸被連接了起來。革命勝利之日，也成為失去制衡的權力將可能肆虐、革命走上岔道及走向自身初衷的反面之時。

三

從歷史發展的角度來看，整風運動最後能夠在中共歷史上站住腳，一個基本的原因在於，它對於中共後來能夠打下天下有着極為重要甚至不可或缺的意義。簡而言之，延安整風的「成效」是要通過中共在同國民黨爭天下時的實力是否得到加

強，能力是否得到彰顯來檢驗的。這一檢驗的結果表明，延安整風確實使中共變得更有戰鬥力了。

在實踐層面，毛澤東為整風運動設定的基本目標，除了上述「統一思想」外，還有「擺平山頭」，而這兩者之間的關係又是相輔相成的。這兩條的實現，不僅同毛建立起在中共黨內的絕對權力與權威關係甚大，也同中共得以最終打下天下的關係甚大。相形之下，蔣介石和國民黨鬥不過毛澤東及中共的原因甚多，但追根朔源，始終解決不了「統一思想」和「擺平山頭」這兩個基本問題，恐怕應當歸於最重要的原因之列。

1946年至1949年，國共爆發全面內戰，這其實是對毛澤東的領導權力、毛澤東思想的正確性、以及毛領導體制的有效性的一個重大考驗。結果，短短三年間，毛澤東和中共居然在一場乍看上去「敵甚強、我甚弱」、雙方力量對比懸殊的對抗中，徹底打敗了蔣介石和國民黨。中國共產黨革命，以一種近乎迅雷不及掩耳之勢，在很短的時間內就獲得了全國性的勝利。這幾乎是一種奇跡。這對於毛澤東、毛思想和毛體制的權威和日益不受制約的權力的確立，其影響不論如何估計都不為過。

這一切，何以會發生？原因又有很多，本書篇幅有限，難以在此詳述。簡而言之，這當中比較要緊的有：國共雙方軍事戰略和謀略上的差異、雙方領導人軍事指揮資質的優劣、情報策反能力的高下、以及人們已談過很多的中共在農村通過「土改」等而對農民的成功動員，等等。

但國共內戰是一場極大規模的戰爭，而在任何內戰、尤其是這樣一場由中共挑戰仍具有很大合法性的中央政府的內戰中，「人心向背」必定是決定戰爭勝負最重要的因素之一。正是在這一點上，毛澤東和中共做得極為漂亮。他們的做法，和自己在抗戰時期的做法一脈相承，又通過極富創意的宣傳及大造輿論，同時把「民族」和「民主」的旗幟——尤其是把「民

主」的旗幟——抓到了自己的手裏，而給本為「正統」的蔣介石和國民政府扣上了「獨裁」和「專制」的帽子。這麼一來，蔣介石和國民政府的合法性大大地打了折扣，並和一股腦兒向它們壓來的軍事失敗、經濟崩潰、社會動蕩等結合在一起，終於使得自己在廣大民眾心目中的「合法性」達到幾乎消耗殆盡的地步。

這一時期，毛澤東有過一系列名言。例如，「現在的世界潮流，民主是主流，反民主的反動只是一股逆流」，在全國政治精英和普通民眾中產生了極大影響。《團結就是力量》這首「反獨裁、爭民主」歌曲的廣泛傳唱，就是這方面的有力例證。在國內政治鬥爭的層面，毛澤東和中共還提出了建立「聯合政府」的主張，這更是政治上的一着高招。據美國學者胡素珊研究，直到1948年12月，國民黨已呈現出一派兵敗如山倒的情景時，在青年學生中，只有3.7%贊成共產黨政府，卻有72.%的人，仍贊成組織聯合政府」。[8]

但問題在於，到1948年底，毛澤東和中共已在戰場上獲得了決定性的勝利。從軍事上來看，國共雙方的勝敗已定。這時，他們對於成立真正意義上的聯合政府其實已經完全不感興趣了，在公開言論中，他們更開始大批特批先前曾被中共當作「盟友」的「第三勢力」及其追求的「第三條道路」。

當時國內知識分子和學者中，有胡適、傅斯年、錢穆、梁實秋等人，對中共獲得政權後必定走上排他性「專權」的道路，看得很透，很有先見之明。他們因而選擇了離開即將獲得「解放」的大陸，或去臺灣，或遠走國外。但畢竟出走的是少數，絕大多數人還是留了下來，懷着各種心態等待、迎接乃至擁抱「解放」的到來。這一大批人中，不乏中國知識界的精

8　胡素珊(Suzanne Pepper)：《中國的內戰》，北京：中國青年出版社1997年版，第98頁。

英。但後來，他們卻幾乎無一例外地都未能逃脫中共建政後的歷次政治運動、尤其是那場史無前例的大革命的衝擊。

中國政治文化中，從來就有着「贏者全贏」的傳統，毛澤東和中共高舉的是「革命」與「解放」的旗幟，成為內戰的勝利者時就更是如此了。最能反映出他們完全壟斷內戰勝利的果實決心的，是毛澤東「宜將剩勇追窮寇，不可沽名學霸王」的著名詩句。1949年春，中共在同國民黨的和談中，堅持「懲辦戰犯」，要國民黨接受幾乎等於全盤投降的苛刻條件。乍一看上去，這一做法同後來的文革似乎並無直接關聯。但在思想方法上，這一做法所透露出來的，正是文革中只要標榜「政治正確」，就可以為所欲為的「先聲」。

這裏，扯開去說幾句題外話。在「宜將剩勇追窮寇」這一點上，其實，今日在實行了「民主」制度的臺灣，居然也出現了相似現象。本來，民主政治制度的真諦，在於對政治權力、尤其是對最高政治權力的制衡。要做到這一點，就必須講究寬恕和妥協，並在政治體制及實踐中切實保障反對黨及反對派的存在空間和活動能力。民進黨在2016年大選中獲得全勝後，打出「轉型正義」的旗號，對選舉中大敗、但仍是主要反對黨的國民黨大搞歷史清算，實行「斬草除根」式的經濟追查，直至沒收國民黨黨產，一副要把國民黨「打倒在地，再踏上一隻腳，讓它永世不得翻身」的面孔。若以文革時代的中國與今日臺灣相比較，時間與環境固然都完全不同，但執政的民進黨(這也曾是臺灣的「革命黨」)在如何在「革命」勝利後搞政治上，尤其是在對待政治反對派的態度上，卻同1949年在內戰中獲勝後的中共，以及文革中造反派「得勢後」把對手往死裏整的普遍作為，有着驚人的相似之處。從這裏可以窺見的，難道不正是中國數千年缺乏妥協傳統的政治文化的影響嗎？這樣一種政治文化傳統，其實正是文革得以在中國發生的最深層的因素之一。

四

1949年，「新中國」——中華人民共和國——成立。這是歷史的一個重要的轉捩點，是「解放元年」。或者可以說，歷史將在這一刻發生轉折是沒有問題的；問題的關鍵在於，將發生的是怎樣的轉折。

共和國成立前夕，毛澤東向整個世界——但首先還是向全中國——宣佈：「中國人從此站起來了」。[9] 後來看，這是一個極為重要及關鍵的關於「新中國」的「合法性聲明」，並通過「新」這個內涵極為豐富的形容詞以及「解放」這個有着巨大道德感召力和政治向心力的概念而表現出來。以「沒有共產黨就沒有新中國」的歷史傳奇為中心，這一「合法性敘述」所倚靠的是兩套互有內在聯繫的話語表述。一套由革命、社會主義以及共產主義的語彙所構成，所強調的，是「新中國」將中國轉變為具有普遍正義和平等的新型社會和國家的願景。另一套則同與普通中國人的「受害者心理」[10] 形成呼應的革命民族主義和愛國主義語彙所構成，所強調的，則是中國的統一、強大以及在世界上「中心地位」的重新獲取與中國共產黨革命的關係。在毛澤東的「中國人從此站起來了」的宣示中，這兩套話語以「解放」為中心意象，被聯繫乃至統一了起來。這絕對是毛澤東一生中說過的最重要、影響力也最持久的話之一。直至今日，「中國人從此站起來了」仍是構成當今中國主流政治話語中「中國夢」、「初心」和「使命」，以及「新時代」底蘊的一個基礎性聲明。確實，毛澤東這一聲明的感召力是巨大

---

9 毛澤東：《中國人從此站起來了》，1949年9月21日，《毛澤東文集》第5卷，北京：人民出版社1996年版，第342–346頁。

10 中國人「受害者心理」有其獨特性，尤其在於它對於民族輝煌歷史的集體記憶與民族在近代的屈辱經歷之間的強烈反差。

的。當時，甚至連胡風這樣極具批判意識的人，都講出了「時間開始了」的話。但具有諷刺意味的是，僅僅幾年間，胡風就成了「新中國」的階下囚。這是如何發生的？

關鍵在於毛澤東的「繼續革命」的理念，以及他將這種理念付諸實施的決心——一種獲得不受制約的巨大權力支持的決心。毛澤東從來不把1949年中國共產黨革命的全國性勝利視為革命的結束。他在中共中央七屆二中全會上提出，1949年中國革命走完了萬里長征的第一步，革命以後的路會更長，工作和挑戰會更艱巨。[11] 這段話值得人們認真對待。毛澤東賦予「新中國」的，是一系列在中國歷史乃至在世界歷史上，從未有人被賦予過的宏大任務。毛澤東從不隱瞞自己作為革命者的勃勃雄心：他想像中的「革命」不僅要將中國人改變為「新人」，將中國改造為一個擁有普遍正義與平等的新型社會與國家，也要通過樹立中國革命(包括「繼續革命」或「革命後的革命」)的經驗為世界其他被壓迫民族的榜樣，開創出一個中國在其中佔據中心地位的「新世界」。換言之，他期冀以「革命」的名義所創造的，是一種在中國乃至世界歷史上從未有過的「王-聖合一」的政治、社會和文化結構及秩序。這也意味着，毛澤東為「繼續革命」所設定的目標，從普通人生活經驗的視角來看，遠遠超越了中國共產黨革命本身歷史正當性所能涵蓋與支持的範圍。因此，在整個毛澤東時代，合法性挑戰是始終存在的問題。(在這裏，我對於政權「合法性」的定義是，普通人對於政權/國家根本性議程的內在的支持。它因而是在不斷變動之中的，而不可能是一成不變的。)

毛澤東對於此種挑戰的應對之道是：他愈是意識到這種挑戰，就愈是竭力動用完全失去制衡的國家權力，無所不用其極

11　毛澤東：在七屆二中全會上的報告，1949年3月5日，《毛澤東選集》第4卷，北京：人民出版社1991年版，第1438頁。

　　　　　　　　　　　　　　　　文革政治史批判筆記

地推動「繼續革命」的前行。其結果，則是「革命」隨着目標的演進與擴大，同普通人生活經驗的背離更為深刻，面臨的合法性挑戰也變得更加嚴重。然而，在當時人們(包括黨的諸多領導人)的想像中，恐怕都不會想到，十幾年後會出現文革那一幕。但事後看來，人們會發現，其實，就在那個「時間開始了」的時刻，文革就已開始成為歷史此後發展的可能「選項」之一了。從事物發展的邏輯來看，正是在毛澤東「將革命進行到底」的宣示中，其實已孕育着文革的一個重要的邏輯起始點。循着這個起點展開的路走下去，是否就會走到文革並非一開始就是命定的。但若是沒有這個由毛澤東在中共建政之初便「以革命的名義」而設定的起始點，後來文革的發生又確實是不可想像的。

於是，「新中國」立國後，運動不斷，樁樁件件，幾乎都在各種意義上與後來文革的到來有關係。

五

中華人民共和國成立不過一年，就發生了中國出兵朝鮮戰爭這件大事。毛澤東和中共領導層何以這麼做？這裏，當然有着人們講過很多的保衛東北邊境等安全利益上的考慮。但從一個更深入的層面來看，我認為，毛澤東作出入朝參戰決策的主要關注點在於如何應對新中國立國之初便面臨的「合法性挑戰」；他的主要思路則集中在如何通過高舉愛國主義和國際主義的旗幟，將朝鮮危機所帶來的挑戰和威脅轉變為中共在國內實行最廣泛的群眾動員和社會整合的動力，從根本上加強中國人對於新政權及其宏大的政治和社會改造計劃的內在認同和支持。

中國入朝參戰付出的代價極大。根據官方公佈的數據，36萬中國士兵在朝鮮戰場上傷亡，其中16萬人死亡，包括毛澤東

唯一倖存並健康的兒子。1950年11月25日，毛岸英在志願軍司令部死於美軍凝固汽油彈轟炸。那一刻，恐怕改變了中國歷史的未來走向。如果與華國鋒同齡的毛岸英還活着的話，十幾年後，「粉碎四人幫」的那一幕還能否上演？中華人民共和國的歷史是否就要重寫了？

然而，從毛澤東和中共領導人的角度來看，中國打朝鮮戰爭極為值得。在「抗美援朝」的旗幟下，中國發生了一系列政治和社會大變動。在國內，中國入朝參戰同聲勢浩大的抗美援朝運動結合在一起，促發帶動了全國範圍內的一連串政治和社會革命，包括鎮反、土地改革、三反及五反、思想改造在內的各種運動席捲了中國的廣大城鄉。中國共產黨的政策、組織和聲望也伴隨着這一切的推進而滲入了中國社會的每一個細胞。當朝鮮戰爭於1953年7月結束時，中國的政治與社會面貌已開始發生深刻的變化：對於新生政權的大規模反革命抵抗活動已被粉碎；隨着土地重新被分配，構成舊中國農村社會權利基礎的地主鄉紳階級已被消滅；大批被認為喪失了革命意志的黨的幹部受到了再教育；民族資產階級已被置於社會主義國家更為嚴密的控制之下；知識分子則經歷了革命後的首輪思想改造。中共因而有效地加強了自己對於中國社會的組織控制，並極大地深化了自身在中國人民心目中內在的權威地位。中共領導層內，毛澤東自始就力排眾議，主張中國「必須參戰」，仗打下來，也在很大程度上加強了毛在黨內一言九鼎的地位。

朝鮮戰爭也是中國在近代歷史上第一次主要憑藉一己之力（儘管蘇聯的全面軍援也是不可或缺的），去對抗一個以世界上最強大的國家美國為首、包括幾乎所有主要工業化國家的國際帝國主義聯盟。中國與之至少打了個平手。這對於中國人以及國際上對中國地位和形象的看法，都是極為重要的。中國共產黨因而也能夠理直氣壯地告訴中國人民和整個國際社會：無論

是朋友或敵人都必須承認，新中國已作為一個真正的強國在世界舞臺上崛起，也就是說，中國人真的「站起來了」。

關於這場運動與新中國「合法性」建設之間的關係，最初對參戰並不積極的劉少奇後來說過一段話，很能說明問題：

> 抗美援朝很有好處，使我們的很多事情都好辦（如搞土改，訂愛國公約，搞生產競賽、鎮反等）。因為抗美援朝的鑼鼓響起來，響得很厲害，土改的鑼鼓、鎮反的鑼鼓就不大聽見了，就好搞了。如果沒有抗美援朝的鑼鼓響得那麼厲害，那麼土改（和鎮反）的鑼鼓就不得了了。這裏打死一個地主，那裏也打了一個，到處鬧，很多事情不好辦。[12]

朝鮮戰爭後，關於中國入朝參戰的歷史敘事，一直同國家在各個不同發展時期對社會的改造和政治動員緊密地聯繫在一起，成為激發普通中國人愛國主義情懷以及對於國家政策「內在支持」的一個持久不衰的源泉，這一切，對愛國主義成為毛澤東時代中國政治生活的主旋律起了巨大作用。文革時期，文革前拍攝的所有影片幾乎統統被禁，但《英雄兒女》《奇襲》《打擊侵略者》《鐵道衛士》等幾部關於抗美援朝的影片，是繼「三戰」（《南征北戰》《地道戰》《地雷戰》）之後，最早（1970年）就恢復上映的。這固然同文革開始「退潮」有關，但仍然多少揭示了毛澤東時代「愛國主義」與合法性敘述構建之間持續的互動關係。

這裏，還想就1950年代初的「思想改造運動」多講幾句。這一運動，是朝鮮戰爭期間毛澤東和中共以全國知識分子為主

12　劉少奇在第一次全國宣傳工作會議上的報告，1951年5月7日，轉引自楊奎松：《中華人民共和國建國史研究》第1冊，南昌：江西人民出版社2009年版，第184頁。

要對象，高舉革命民族主義和愛國主義旗幟全力推行的，是又一椿同後來文革的發生有着密切關係的事情。毛澤東和中共接管政權之初，就提出了「肅清帝國主義遺留影響」的問題。中共領導層做出入朝參戰決策的同時，又提出，要在全國範圍內，尤其是要在知識分子中間，「堅決消滅親美的反動思想和恐美的錯誤心理」，肅清「崇美」、「媚美」意識，普遍養成「仇視美國、鄙視美國、蔑視美國」的態度。[13] 這樣的做法，固然是毛澤東和中共要把中國入朝參戰所激發的革命民族主義、愛國主義以及反對美帝的政治動員效應發揮到極致的一種表現，但與此同時，這也是為了以此開路，使得黨和國家的政治議程以及革命計劃滲透進入到每一個知識分子的思想深處乃至內心之中，從而使他們的觀念世界發生革命性的改造。在手段上，「思想改造」重現了延安整風運動中的許多現象。批判和自我批判，對「骯髒內心世界」的揭發和曝光，對「反動過去」的抨擊和揚棄，等等，伴隨着各式各樣的「扣帽子」和「打棍子」一起而來。由此而產生的，是毛和中共的意識形態及政治理念強力侵入並全面佔領「知識空間」，成為中共徹底控制知識領域後的一種「新常態」。

六

朝鮮戰爭結束後不久，發生了中共建政後第一椿黨內高層「整人」的大事件，即高崗、饒漱石事件：曾經在中國政治舞臺上紅極一時的高崗幾乎在一夜之間便受到整肅，然後又自殺身亡。幾乎與此同時，擔任中央中央組織部長這一要害職務的饒

13　中共中央關於在全國時事宣傳的指示，1950年10月26日，《建國以來重要文獻選編》第1冊，北京：中央文獻出版社1991年版，第436–440頁。值得一提的是，近七十年後，當中美兩國關係又面臨着可能走向全面對抗之路的前景時，中國的官方輿論和敘事中，又出現了打破「崇美、媚美、恐美」思想的言論。

漱石也遭到了清洗，此後終身入獄，在中國政治舞臺上消失了。

關於這個事件的起因和過程，充滿蹊蹺，直到今天，仍有很多細節說不清楚，或在邏輯上講不通。例如，關於陳雲在事件中的態度和所起的作用，當事人就有着不同的說法。從現在可以接觸到的材料來看，這麼一個事件的發生，在政治上有兩方面的原因。第一個原因是，毛澤東在從新民主主義向社會主義過渡這個有關大政方針的問題上，同劉少奇、周恩來等黨內其他領導人存在分歧，並從周主持下的「新稅制」的制定中暴露出來。

周恩來力主搞「新稅制」，主要是為了解決建國後實行的「舊稅制」對國營和合作企業收稅少，對私營企業徵稅多，結果，大批私營企業通過直接售貨給零售商來逃避營業稅。到頭來，國家不僅對國營企業的收稅打了折扣，對私營企業的徵稅也遇到了困難。新稅制實行後，一方面把徵稅的主要管道轉到生產領域，另一方面調整統一公私稅率。但在具體實行的過程中，周恩來以及財政部長薄一波等未及時向毛澤東報告，就公佈了實行新稅制的決定。毛澤東看到後，抓住不放。他批評新稅制時說：「『公私一律平等納稅』的口號違背了七屆二中全會的決議；修正稅制事先沒有報告中央，可是找資本家商量了，把資本家看得比黨中央還重；這個新稅制得到資本家叫好，是『右傾機會主義』的錯誤。」[14] 之後，毛澤東又上綱上線，對「確保新民主主義秩序」、「確保私有財產」等偏離社會主義建設總路線的「右傾思想」提出了嚴厲的批評。[15]

事件發生的另一個原因是，毛澤東可能已對牢牢佔據了黨

14　薄一波：《若干重大決策與事件的回顧》上卷，北京：中共中央黨校出版社1993年版，第235頁。

15　毛澤東在中央政治局會議上的講話提綱，1953年6月15日，《建國以來毛澤東文稿》第4冊，北京：中央文獻出版社1987–1998年版，第251頁。

的第二把手位置的劉少奇心存芥蒂。（這裏先說一句，以下還有詳述：毛底下的第二把手從來就不好當。）「新稅制」一事發生的幾乎同時，毛澤東又抓住劉少奇作為中央日常工作的主持者，卻未經他的審閱就「擅自發出」一批電文和報告，指責這是在「架空」他，「是錯誤的，是破壞紀律的」。[16] 此外，還有一種說法：1953年初，毛澤東曾密令高崗調查劉少奇1929年在奉天被捕一事。[17] 若真有此事，那問題就大了，顯然反映出了毛對於劉的不信任，乃至深入心扉的懷疑。再聯想到文革中劉少奇被徹底打倒時，他於1929年被捕之事又被提出並「算賬」，毛澤東如果真的在1953年初就注意到了這件事，那就更耐人尋味了。這是否是毛澤東下的一着備而不用的大「閑棋」？

　　高崗原來在東北主持工作，1952下半年調入中央，出任國家計委主任。他其實是毛澤東的一員愛將，在1953年6月至8月召開的中央財經工作會議上，他緊跟毛的意思，在狠批薄一波中「跳得很高」，並間接地涉及到了劉少奇和周恩來。劉少奇作了「誠懇的檢討」，自己把一些歷史舊賬都翻了出來，承認在1949年天津講話、土改、合作化運動等上面都犯了右傾保守的錯誤。[18] 但這之後，高崗並未住手，反而自以為得到了毛澤東的「尚方寶劍」，開始到處找人談話，其中包括林彪，陳

16　《建國以來毛澤東文稿》第4冊，第229–230頁。

17　張明遠：《我的八十五年——從西北到東北》，北京：中共黨史出版社2007年版，第321頁。關於這件事，也有否定意見，如戴茂林在《毛澤東調查劉少奇檔案真相調查》（北京：中共中央黨校出版社2016年版）一書中，就遍尋此說的各種漏洞，做出了毛澤東根本沒有做過這件事的結論。但問題在於，「無風不起浪」，如果此事純屬子虛烏有，它又是從哪裏來的。而談到這件事的，又不止是時任東北局副書記的張明遠一人，還有高崗夫人李力群，以及曾擔任高崗秘書的趙家梁等。

18　林蘊暉：《重考高崗、饒漱石「反黨」事件》，香港：中文大學出版社2017年版，第80頁。

雲、鄧小平，對劉少奇提出種種指責，說劉「搞宗派」、「劃圈子」，煽動「倒劉」。他還往往在談話一開頭，就把做這件事得到了毛澤東支持這個本來不可隨意外泄的「底牌」透露給別人。[19]

這麼一來，高崗在行事中犯了幾個「大忌」。第一，他的打擊面過大了。第二，他暴露出一種政治上的幼稚，完全不懂得處理此類事務時低調以及暗中行事的重要性，從一開始就把「底牌」露了出來。第三，他又不知深淺地說了（或者是別人說他說了）「你一個、我一個，大家輪流坐莊」的話。甚至有材料說，他在同鄧小平談話時，還問鄧：誰是中國的斯大林？而這恰恰是毛澤東最忌諱的。高崗的做法，使得毛澤東陷入被動，難以承認高崗其實是秉承自己的意思來辦這件事的，也使他覺得高不是一個可以信賴的人。

此外，在高崗身上，毛澤東還有一個心病，就是高崗和蘇聯及斯大林的關係問題。早在1949年12月毛澤東在蘇聯訪問時，斯大林就曾交給他一份科瓦廖夫的報告，當中提到了高崗十分親蘇的態度。[20] 這件事，毛澤東一直沒有處理，但難道不會在他心目中留下一道陰影？

恐怕，毛澤東也正是出於上述種種原因，產生了把高崗拋出去的念頭。高崗「出事」後，一再求見毛澤東，毛不見他；他又幾番檢討，但扣在他頭上的帽子，卻越來越大。最後，他自殺身亡。

高崗的事本來就夠撲朔迷離的了，但不知出於什麼緣故，擔任中央組織部長的饒漱石也被牽連了進來。歷史上，高、饒

19　參見薄一波：《若干重大決策與事件的回顧》上卷，第312–314頁；林蘊暉：《重考高崗、饒漱石「反黨」事件》，第125–147頁。

20　科瓦廖夫致斯大林報告——中共政策的若干問題，1949年12月24日，沈志華主編：《俄羅斯解密檔案選編》第2卷，上海：東方出版中心2015年版，第180–187頁。

之間在工作上並沒有多大聯繫和交集，兩人更沒有什麼私交。饒漱石調入北京出任中組部部長後，同高崗之間也沒有太多的交往，只是一種你來我往、公事公辦的關係。但高、饒兩人卻硬被扯在一起，扣上了「高饒反黨集團」的帽子，高崗事件，也隨之變成了「高饒事件」。饒漱石被捕，直到死在獄中，也沒有搞懂自己何以會和高崗一道，成為「反黨集團」的頭目。

乍一看來，劉少奇、周恩來等似乎是高饒事件中的「勝利者」，但實際上，這隻是一種表面現象。若深入挖掘下去看，事情遠遠不是如此簡單。高饒事件的後遺症其實很大，也同文革後來的發生有很深的關聯之處。首先，它開創了中共建政後黨內高層鬥爭的一個「先例」。在根據缺失的情況下，硬是指鹿為馬，把相互之間並沒有多少交集的高、饒打成「反黨集團」。此例一開，後繼者不來也難。

同時，在黨內高層政治發展中，高饒事件的發展和最後處理，讓毛澤東看到了劉少奇等在黨內影響和勢力膨脹的現實。他當時在權衡利弊後決定，不在高崗問題上同劉少奇等攤牌，而是以某種主動的姿態將高崗「拿下」，換取劉少奇的檢討以及劉、周和黨內其他領導人對於「過渡時期總路線」的全面支持。但高饒事件是否已在毛、劉之間打進了一個輕易不會消失的「楔子」？毛澤東不見得在這個時候就動了要「整垮」劉少奇的念頭——這是後來又經過了很多事情之後才發生了。但無論如何，以毛澤東的性格來說，是絕不會對此感到舒服的，也總有一天是要算這筆「賬」的。這留下了毛、劉關係後來徹底破裂並導致文革的一個重要的伏筆。

七

就在高饒事件發生的幾乎同時，中國政治生活中又出了胡

風反革命集團案。這件事，表面上看似乎同高饒事件風馬牛不相及。但後來回過頭去看，其實關聯甚深；同後來文革的發生，更有着千絲萬縷的連接。

胡風事件的起因是多方面的。其中最重要的之一，可以回溯到前述中共建政之初就發生的「思想改造」運動。正是從那裏開始，知識分子已開始被視為「革命」的對象，需要不斷教育、敲打、改造，後來又經過不斷發酵放大，終於引出了胡風事件，胡風本人也銀鐺入獄。

歷史上，胡風根本不反共產黨。恰恰相反，他和魯迅關係密切，長期在政治上支持中共。和他交往較多的人，大多也至少可以算是中共的同路人。但他們還是被當作反革命分子來對待，甚至遭遇了牢獄之災。這中間的邏輯顛倒和是非混淆，簡直達到了無以復加的地步。

這裏的根子，同毛澤東《在延安文藝座談會上的講話》這部「紅色聖經」中提出的文藝的「階級性」、「黨性」以及這一說法在政治上的巨大「殺傷力」有關。胡風雖然在政治上擁護中共，甚至將1949年的「解放」視為「時間的起點」，但他一直以為，這同他所崇尚的「個性解放」是相通的。但在周揚等一批中共文藝官僚看來，他的主張「抹煞世界觀和階級立場的作用，以舊現實主義來代替社會主義現實主義，實際上就是把資產階級、小資產階級的文藝來代替無產階級的文藝」。[21]起初，中共文藝官僚還僅限於把胡風和他的「小集團」當作「胡適派資產階級唯心論」者來批判。後來，毛澤東親自介入，提出「應對胡風的資產階級唯心論，反黨反人民的文藝思想進行徹底的批判」。再接下去，對胡風的定性一再升級，毛澤東讀了胡風等人的通信和日記後，除認定胡風他們這一幫人

21　林默涵述、黃華英整理：《胡風事件的前前後後(林默涵問答錄之一)》，《新文學史料》，1989年第3期。

是一個「反黨小集團」外，又指示公安部門介入審理「胡風反革命集團專案」。1955年5月起，《關於胡風反革命集團的材料》分三批出版，毛澤東親自為之作序，把胡風等稱為「以『文藝』為幌子的反革命政治集團」，並指控：「他們的人大都是有嚴重問題的。他們的基本隊伍，或是帝國主義國民黨的特務，或是托洛斯基分子，或是反動軍官，或是共產黨的叛徒。」[22] 5月16日，胡風被投入監獄，長期遭到單獨監禁，延至1965年被判刑。

胡風案的過程中，充斥着後來在文革中極大膨脹的一系列怪事和怪現象。

第一，是針對思想「定問題」、大搞現代文字獄，根據言論──包括日記及個人通信等──來定罪、治罪。

第二，大搞逼供、誘供、套供，在有罪推定的基礎上，先有結論後，再無所不用其極地去獲取相關「證據」。

第三，在處理政治「現行問題」上，追溯以往，從歷史的根子上去追查和徹底否定審查對象，以達到把對象「徹底鬥臭、鬥垮、鬥倒」的目的。

後來的文革，當然規模要大得多，也殘酷得多。但上面這幾條，哪一條不是在文革中被成倍放大後廣泛使用。結果，搞得「叛徒」、「內奸」、「假黨員」、以及形形色色的「歷史反革命」滿天飛。就連地地道道的多年老革命、身為國家主席的劉少奇，也成了這一套的犧牲品。而在整胡風時大打出手、也大大地出了一番風頭的周揚自己，也在文革中成了遭受迫害的對象，繫獄多年。他的眾多罪名中，最大的之一，就是翻「歷史舊賬」後搞出來的：他早就是反對魯迅、被魯迅斥為「四條漢子」的「文藝黑線祖師爺」。歷史真是太會嘲弄人了！

22　《建國以來毛澤東文稿》第5冊，第174頁。

八

差不多同一時期，還有一件很要緊的事情，從長遠看，同文革得以推行也關係甚大。1953年10月，中共中央決定，在全國範圍實行「統購統銷」：在農村搞糧食計劃徵購，在城市按人頭實行糧食定量配給。這件事，實質上也是由國家出面，通過工農業產品價格的「剪刀差」，實施對廣大農民的「超額汲取」，以此創造國家實行工業化過程中的一個最為重要的國內資金來源。同時，這個制度也在社會組織和控制上，從人們的基本生計着手，把每一個人都和國家緊緊地捆綁在一起。有了統購統銷，才能夠在中國產生了世界上最厲害、控制最嚴密的戶口制度。

後來，文革開始後，一段時間內放開了「大串聯」，紅衛兵和青年學生可以免費乘坐除飛機外的幾乎所有交通工具(極少數特殊情況下，甚至也有人坐過飛機)，到北京以及全國各地「學習革命經驗」、「傳播革命火種」。這是一件影響極大、涉及面也極廣泛的事情。毛澤東和中共領導層敢做這件事，一個最重要的「保障因素」就是統購統銷後在全國普遍、嚴格實行的糧食等基本生活必需品的定量配給制度，可以對人口流動實行必要的限制和最終的控制。後來，要把「大串聯」停下來時，也可以較有效地很快做到。

統購統銷醞釀實行的過程中，在1953年9月的政協會議上，發生了毛澤東和梁漱溟之間「對峙」相爭的一幕。梁漱溟長期投身「鄉村建設」，覺得自己對農村問題及農民的疾苦有發言權。他在政協會議上說，中共進入城市之後，工作重點轉移於城市，「鄉村便不免空虛」，「如今工人的生活在九天，農民的生活在九地，有『九天九地』之差」。他還說：「中共之成為領導黨，主要亦在過去依靠了農民，今天要是忽略了他們，

人家會說你們進了城，嫌棄他們了。」[23] 梁漱溟的意見，引來了毛澤東的憤怒反擊和批判，説他「反動透頂」。當梁漱溟要求毛澤東表現出「雅量」時，毛回答説，他不會有梁要求的「那樣的雅量」。[24]

整個會場上，響起的是一片對梁漱溟的聲討聲音，還翻出了梁的舊賬，説他一貫「反共、反人民」。發言者中，除中共官員外，還有不少「民主人士」，其中也不乏後來被打成右派的黨外人士。他們看來並未意識到，如此剝奪梁漱溟講話的權力，以及如此從一般意義上容忍毛澤東「缺乏雅量」的行為，其實也為他們自己以後遭遇與梁漱溟相似、乃至更壞的命運，打開了大門。

文革，要到十餘年後才發生，但它的一系列基本的政治條件，正是在上述變化中一步步準備就緒的。

九

1956年，歷史又迎來了一個重要的轉捩點 —— 一個在20世紀中外歷史發展中極為重要的轉捩點。

在國際上，這一年出的大事一件接一件：赫魯曉夫和蘇共的「非斯大林化」、波蘭的「波茨南事件」、匈牙利的「反革命叛亂」、蘇伊士運河事件，等等。在中國國內，這一年，一方面有從批赫魯曉夫的「非斯大林化」而引出的此後對「個人崇拜」的否定及否定之否定，並具體到對毛澤東的個人崇拜的肯定；另一方面又有「八大」的召開。

---

23 轉引自汪東林：《梁漱溟與毛澤東》，長春：吉林人民出版社1989年版，第21–22頁。

24 毛澤東：批判梁漱溟的反動思想，1953年9月16日–18日，《毛澤東選集》第5卷，北京：人民出版社1977年版，第107–115頁。

從一開始，毛澤東就為赫魯曉夫「非斯大林化」定下了一個基調：赫魯曉夫的做法不僅「揭了蓋子」，也「捅了婁子」。[25] 他對赫的報告，首先是大加稱讚。在他看來，報告打破了斯大林一貫正確的神話，有助於糾正斯大林和共產黨國際在很多問題上的錯誤。但他又說，他不同意赫「全盤否定斯大林」的做法。儘管斯大林犯有嚴重錯誤，毛澤東說，從總體上來看，他仍是一位偉大的馬克思列寧主義者，評價他時要「三七開」。[26] 但實際上，毛澤東這麼批判赫魯曉夫是吹毛求疵了。仔細讀赫的報告，他對斯大林也是有貶有褒，最壞也是「四六開」，並沒有「全盤否定」。在這一點上，毛、赫只有程度和角度的不同，沒有本質的差異。

在這一過程中，毛澤東把對斯大林的評價轉變為一個關於中國革命主流故事的構建與講述，強調的是他本人對於斯大林對中國革命錯誤干涉的抵制，從而把中國革命的敘事同革命民族主義緊密地聯繫起來，也同他的「中國人從此站起來了」這一關於「新中國」的合法性聲明形成呼應。所有這些，又都為後來以「反修」、「防修」為標榜的文革的發生，留下了又一重要伏筆——儘管毛澤東當時還不見得會想到後來要搞的文革。

1956年9月，中國共產黨第八次全國代表大會召開。在中共歷史上，這是一次很重要的會議，其間，發生了兩件大事。第一件，是修改黨章。鄧小平在會上做修改黨章報告時，明顯地表現出一班中共領導人在蘇共二十大影響下，同「神化個人」及「個人崇拜」劃清界線的意圖，其中提出，「對於領袖的愛護本質上是表現對於黨的利益、階級的利益、人民的利益的愛

25　吳冷西：《十年論戰，1956–1966 —— 中蘇關係回憶錄》，北京：中央文獻出版社1999年版，第6頁。

26　逄先知、金沖及主編：《毛澤東傳 1949–1976》上，北京：中央文獻出版社2003年版，第501–502頁；吳冷西：《十年論戰》，第12–13頁。

護，而不是對於個人的神化」。八大通過的黨章中，把七大黨章中關於「毛澤東思想是黨的指導思想」的提法拿掉了。[27] 同時，八大政治報告提出，在生產資料私有制社會主義改造基本完成後，「我國的無產階級和資產階級之間的矛盾已經基本上解決」；「我們國內的主要矛盾，已經是人民對於建立先進的工業國的要求和落後的農業國的現實之間的矛盾，已經是人民對於經濟文化迅速發展的需要和當前經濟文化不能滿足人民需要的狀況之間的矛盾」；歸根結底，是「先進的社會主義制度同落後的社會生產力之間的矛盾」。[28]

八大黨章去掉了毛澤東思想，毛心裏肯定不會高興，但在當時的情況下，他非但沒有發作，還發言表示贊成。八大通過關於「主要矛盾」的報告時，毛澤東也舉了手，但實際上，他對這個提法是有看法的。這個報告由陳伯達起草，他事先沒有看過。報告在大會上付諸表決前，毛澤東聽到「先進的社會主義主義制度和落後的社會生產力之間的矛盾」這句話時，就嚕了一句：「這句話不好」，恰好被坐在毛後面的葉飛聽見了，又告訴了坐在一旁的陳伯達。[29] 幾天後，在國慶活動時，毛澤東對劉少奇說，八大關於中國國內基本矛盾的提法不正確。劉少奇大吃一驚，問道：「決議已通過公佈了，怎麼辦？」毛澤東沒有再說下去。[30] 看來，他雖然本能地覺得這個提法不對，但一時之間，他還沒有想出一種替代性的提法。

八大開過後不久，東歐發生了波蘭的動亂和匈牙利的「反

27　《鄧小平文選 1938–1965》北京：人民出版社，1993年版，第223頁。

28　中國共產黨章程(1956年9月26日中共八大通過)，中共八大關於政治報告的決議(1956年9月27日通過)，《建國以來重要文獻選編》第9冊，北京：中央文獻出版社1998年版，第314–355頁。

29　《陳伯達最後口述回憶》，香港：陽光環球出版公司，第138頁。

30　王光美、劉源等：《你所不知道的劉少奇》，鄭州：河南人民出版社2000年版，第25–26頁。

文革政治史批判筆記

革命事件」。這不僅是國際上的重大事件，也在中國國內產生了深遠影響。毛澤東和中共領導層對事件的處理，是將波蘭事件的性質定為「反蘇」，而將匈牙利事件的性質定為「反共」。用劉少奇的話來說，「波蘭事件非馬克思主義有一些，匈牙利事件是反革命取得領導權」。[31] 在實際處置中，他們將波蘭主要當作向蘇聯大國沙文主義以及在國際共運中的「中心」地位提出挑戰的「由頭」。而他們對匈牙利事件的應對，除了也批判蘇聯大國沙文主義外，更重視對其中「反共、反社會主義」的反革命意涵的分析，尤其是毛澤東，更是如此。

其實，在中共領導層中，在應從波、匈事件中汲取何種經驗及教訓上，當時是存在着不同意見的。從事件發生後召開的中共八屆二中全會的相關文件來看，劉少奇說，波匈事件的一個重要的教訓是，「重工投資過多，沒重視輕、農，人民生活沒有改善，領導人特權，人民生活苦，群眾不滿走上馬路」。[32] 周恩來強調，除了要反對「對外的大國主義」，還要堅決反對「對內的大民族主義，對人民的專制主義」，不然的話，「它就會經常來侵蝕我們」。他還說：在發展中不能「忽視了人民的當前利益，直接與人民利益關係最大的是輕工業、農業，輕視這兩者就會帶來不好的後果，就會發生經濟發展上的嚴重不平衡」。周恩來說得最兇的話是：「應該認識到，不要使中國也發生波茨南事件，幾萬人或者幾十萬人站在街上請願，那問題就大了。」[33]

出於當時的情勢，毛澤東沒有反駁劉少奇、周恩來，但也

31　劉少奇在八屆二中上全會關於時局的報告，1956年11月10日；又參見薄一波：《若干重大決策和事件的回顧》，第556頁。

32　劉少奇在八屆二中上全會關於時局的報告，1956年11月10日。

33　周恩來在八屆二中全會上的發言，1957年11月10日；又參見石仲泉：《我觀周恩來》，北京：中共黨史出版社2008年，第244頁。

沒有表示支持。毛澤東很注意的，是匈牙利事件中，有一個主要由知識分子組成的裴多菲俱樂部的活動。後來，時勢轉變後，他點了裴多菲俱樂部的名，說它是煽風點火、大搞反革命顛覆活動及資本主義復辟的急先鋒。以後在文革中，講到資本主義復辟的危險性時，裴多菲俱樂部的故事又成為經常被引用的「典故」之一。1956年發生在匈牙利的「反革命叛亂」，也成為「無產階級文化大革命的必要性」的一個有力佐證。

十

　　1957年2月，作為對匈牙利事件和1956年各種經驗的一種總結，毛澤東在最高國務會議上做了《關於如何處理人民內部的矛盾》的講話。當時，在國際上「非斯大林化」解凍潮流的影響下，國內各界出現了「早一點取消專政」之類的聲音，各地也出現了群眾罷工、罷課、遊行示威、請願的「鬧事」事例。毛澤東講話時說：「社會主義社會矛盾是存在的。基本的矛盾就是生產關係同生產力之間、上層建築和經濟基礎之間的矛盾，這些矛盾都是表現為人民內部的矛盾。」對「鬧事」，「要克服官僚主義……要鬧就讓他鬧夠，看作是我們改善工作，教育工人、農民、學生的一個過程」。之後，他又說：「我們要向黨內外宣佈，在人民內部無所謂專政，在人民內部講專政是錯誤的」。「對於階級鬥爭基本結束而顯露出來的各種東西，各種不滿意，許多錯誤的議論，我們應該採取什麼方針？我們應該採取『百花齊放、百家爭鳴』的方針，在討論中、在辯論中去解決。只有這個辦法，別的辦法都不妥。」[34]
　　毛澤東講話後，在「百花齊放、百家爭鳴」的旗號下，中

34　毛澤東在最高國務會議上的講話（記錄稿），1957年3月1日；《毛澤東年譜 1949–1976》第3冊，第92頁，112–113頁。

共開始大力推動給黨「整風」的運動，並歡迎和鼓勵包括各民主黨派在內的黨外人士參加。

然而，整風開始後不久，在各種聲音中也夾雜着一些對中共的尖銳批評，例如，《光明日報》總編輯儲安平說，「這個『黨天下』的思想問題是一切宗派主義現象的最終根源」。[35]後來，又有報導說，有人發表了要中共和各民主黨派「輪流坐莊」的言論。毛澤東雖說過「讓人講話，天不會塌下來」，但聽到此話後居然坐不住了，狠狠地說：「他們這麼搞，將來會整到他們自己頭上。」[36] 6月6日，毛澤東在為中央起草《關於加緊進行整風的指示》時寫道：整風「可以暴露一部分有反動思想和錯誤思想的人的面貌」，要讓「建設性的批評與牛鬼蛇神(及破壞性批評)都放出來，以便分別處理」，時機一成熟，就動員左派「反擊右派和反動分子」。言語之間，已露出一股殺氣。[37]

這之後，形勢急轉直下。6月14日和7月1日，毛澤東為《人民日報》撰寫的社論《文匯報在一個時期內的資產階級方向》和《文匯報的資產階級方向應當批判》先後發表，其中，在整風中發聲較多的民主同盟和農工民主黨最終被他定義為「反共反社會主義的黨派」，右派分子則是「反共反人民反社會主義的資產階級反動派」。[38] 幾乎在短短幾天內，風向突然大變，倡導「百花齊放」的整風運動也以狂風驟雨之勢轉變為反右派運動。

這樣，本來分明是毛澤東和中共信誓旦旦地提出要倡導

---

35 儲安平：《向毛主席和周總理提些意見》，1957年6月1日。

36 轉引自金沖及主編：《周恩來傳 1949–1976》上卷，北京：中央文獻出版社1998年版，第386頁。

37 《毛澤東年譜 1949–1976》第3冊，第169頁。

38 《人民日報》，1957年6月14日、7月1日；《建國以來毛澤東文稿》第6冊，第508–509、529–534頁。

第一章│漫長的前史 · 29 ·

「百花齊放，百家爭鳴」，要別人給中共提意見，結果卻演出了一場「引蛇出洞」的「陽謀」大劇。到頭來，搞出了幾十萬「右派」。最冤枉的，是章伯鈞和羅隆基。兩人雖然同屬民盟，但政治上的傾向和看法差別很大，個人關係也算不得密切。結果，在反右中卻莫名其妙地成了「章羅聯盟」。子虛烏有之下，兩位向來政見相左的「民主人士」被打成了右派集團的首惡。

經過這一番轉變後，毛澤東終於得出了自己關於過渡時期「基本矛盾」的一個較完整的提法。1957年9月至10月，在中共中央擴大的八屆三中全會上，他說：「『八大』決議上有那麼一段，講主要矛盾是先進的社會主義制度同落後的社會生產力之間的矛盾，這種提法是不對的」。他提出：

> 無產階級和資產階級的矛盾，社會主義道路和資本主義道路的矛盾，毫無疑問，這是當前我國社會的主要矛盾。[39]

這是毛澤東對八大關於中國國內主要矛盾提法的重大修正。這個新提法，他一直用到了死。從後來的發展看，這是文革得以發生的一個基本的理論上的出發點。正是以毛澤東的這個關於「基本矛盾」的新提法為邏輯上的起始點，中共從搞「反冒進」開始、搞大躍進、搞反「右傾」、搞四清和社教運動，最後，又以毛澤東的「千萬不要忘記階級鬥爭」的說法為指南，一路搞下去，終於搞出了文化大革命。這一切，都是從毛澤東關於基本矛盾的這個新提法中衍生出來的。

但毛澤東當時提出這一關於「主要矛盾」的新提法時，根本沒有經過中共領導層的任何討論，而黨的其他領導人，也沒

39　《毛澤東選集》第5卷，北京：人民出版社1977年版，第475頁；《建國以來毛澤東文稿》第6冊，第595頁。

文革政治史批判筆記

有一人對他的說法提出疑問或異議。然而，他們一旦在這個關於基本矛盾的論述上接受了毛澤東的提法，就讓毛在一個帶有根本性質的層面把主流話語的界定權力抓到了自己手裏。這是為後來文革的到來留下的又一處重要的伏筆。

十一

1957年後，與反右形成呼應之勢的，還有當時不大為外人所知的毛澤東在黨內高層大肆「反冒進」的舉動。1956年的反冒進，起始於周恩來和陳雲等人為防止國民經濟中因投資比例過高、發展速度過快，從而導致比例失調的行為。為此，在1956年5月的一次政治局會議上，周恩來還罕見地和毛澤東發生爭執。毛「非常生氣」，但當時並沒有直接反駁周或發生衝突，而是轉身就走了。[40] 但在「反右」後，毛澤東開始反擊。1957年10月，就在毛拿出「基本矛盾」新提法的八屆三中全會上，他對「反冒進」發難：1956年吃了虧，來了一個右傾，來了一個鬆勁。反冒進掃掉了多、快、好、省，是「促退」，是向群眾潑冷水，打擊積極性。共產黨應該是促進委員會，只有國民黨才是促退委員會。[41]

1958年1月，毛澤東在南寧召開的中央工作會議上，開始向周恩來正面「叫板」。他在會上四次講話，又多次插話，一再對周恩來提出批判，話也是越說越重。他說：自己被當成「冒進的罪魁禍首」，結果，「反冒進」讓六億人民泄了氣。

40　據參加會議的胡喬木回憶，周恩來在會上「發言最多」，一再提出，「追加預算將造成物資供應緊張，增加城市人口，更會帶來一系列困難」。但是，毛不為所動，不等周多說，就宣布散會。周馬上找到毛，説：「我作為總理，從良心上不能同意這個決定。」毛聽到後「非常生氣」，不久就離開北京去了南方。金沖及等：《周恩來傳 1949–1976》，第269頁。

41　毛澤東在八屆三中全會上的講話，1957年10月9日

他說得最厲害的一句話是：右派的進攻，把一些同志拋到了和右派差不多的邊緣，只剩了五十米了。[42] 毛澤東在會上稱讚了上海市委書記柯慶施做的《乘風破浪，加速建設社會主義的新上海》的報告，還當面問周恩來：這篇文章你寫得出來寫不出來？周答道：「我寫不出來。」毛宣佈：「你不是反冒進嗎？我是反反冒進的！」面對毛澤東咄咄逼人的「攻勢」，周恩來在會上作了自我批評，承認「反冒進是一個帶方針性的動搖和錯誤，是一種右傾保守主義思想，是與主席促進相反的方針」；又說「在反冒進上的錯誤，我應負主要責任。」[43]

毛澤東並未就此罷手。3月，中央又在成都召開工作會議。他在會上繼續對周恩來窮追猛打，提出了更嚴厲的批評：「關於兩種方法的比較問題，一種是馬克思主義的『冒進』，一種是非馬克思主義的反冒進。我看應採取『冒進』。」他又宣佈「今後還要冒進」。[44]

此後，毛澤東對周恩來的批判仍然沒有結束。5月，中共召開八大二次會議，他在會上四次講話，又說了好幾句狠話：「有些人不顧大局，像莫洛托夫那樣，像我們中國的高崗那樣，那就要出現分裂。」[45] 在毛澤東的凌厲攻勢面前，周恩來只能拼命作更為深刻的自我檢討。他在大會發言時承認，反冒進的錯誤極為嚴重，「我是這個錯誤的主要負責人，應該從這個錯誤中得到更多的教訓」。他還把自己的錯誤和右派進攻聯繫了起來，說「資產階級右派分子向黨猖狂進攻」時，就「利

42　毛澤東在南寧會議上的第二次講話，1958年1月12日；參見《毛澤東年譜 1949–1976》第3冊，第278頁。

43　《毛澤東年譜 1949–1976》第3冊，第276–287頁；力平、馬芷蓀主編：《周恩來年譜，1949－1976》中卷，北京：1998年版，第120頁。

44　《毛澤東年譜 1949–1976》第3冊，第309–327頁。

45　熊華源、廖心文：《周恩來總理生涯》，北京：人民出版社1997年版，第248頁。

文革政治史批判筆記

用反冒進的錯誤」。除狠狠批判自己錯誤外，周恩來還大肆歌頌毛澤東，說「中國幾十年革命和建設的歷史經驗證明，毛主席是真理的代表」。[46]

就在批「反冒進」一再升級的過程中，毛澤東藉着批評赫魯曉夫的「非斯大林」化，在談到「個人崇拜」時說，他並不一般地反對個人崇拜、尤其不反對「正確的」個人崇拜。[47] 八大二次會議上，緊跟毛澤東的政治局委員柯慶施公開宣稱，他支持「正確的個人崇拜」，又說「服從毛主席要到盲從的程度」。毛澤東對此非但沒有反對，反而表示支持與讚賞。[48] 此後，柯慶施也官運亨通，成了毛麾下的大紅人。後來在文革中被林彪發揮到極致的「毛崇拜」，從「反冒進」到為「冒進」正名乃至揚名的過程中，可以找到一個重要的源頭。

十二

由「反冒進」直接孕育產生的，是大躍進，以及隨之而來的大饑荒。就在毛澤東狠批周恩來達到最高點的八大二次會議上，「冒進」正式獲得了「正名」，改稱「躍進」，並馬上成為中國政治經濟生活中的「當紅詞彙」。關於大躍進的目標，毛澤東嘴裏說的是要「趕英超美」，但實際上他的眼睛盯着蘇聯。他在八大二次會議上就說：「中國應當成為世界第一個大國，中國人口多，為什麼不應當成為世界第一？在延安的時候，林彪同志向我說，將來中國要趕上蘇聯，當時，我還不相

46　周恩來在中共八大二次會議上的發言，1958年5月30日，855-4-1573-3，河北省檔案館。

47　《在成都會議上的講話提綱》，1958年3月10日，《建國以來毛澤東文稿》第7冊，第113頁；《毛澤東年譜 1949–1976》第3冊，第311–312頁。

48　叢進：《曲折發展的歲月》，鄭州：河南人民出版社，1989年版，第117頁。

信，我想，蘇聯也在進步呀！現在，我相信了。」[49]

按照毛澤東的想法，大躍進的中心任務，是要用全面群眾動員的手段，通過「全民大煉鋼鐵」，在極短的時間內把中國的鋼鐵產量和整個工業化水平翻幾番地搞上去。在大躍進的想像達到最為狂熱的時候，毛澤東甚至說「超過英國，不是十五年，也不是七年，只需要兩年到三年，兩年是可能的。」[50] 後來，又把趕超目標變成美國，要全黨全國「為五年接近美國，七年超過美國這個目標而奮鬥吧！」[51] 大躍進的狂飆也颳遍了中國的廣大農村，全國各地都好像着了大火一般，報出的糧食產量不斷大放「衛星」，畝產從幾百斤開始，火勢幾倍、幾十倍乃至上百倍地往上直竄，並到處蔓延。與此同時，全國農村普遍建立被認為具有共產主義雛形的「一大二公、政社合一」的人民公社。8月，毛澤東和中共甚至宣佈：「共產主義在我國的實現，已經不是什麼遙遠將來的事情了。[52]

其實，大躍進並非只涉及工業與農業，與之「交相輝映」的，還有席捲全國教育界、知識界、文藝界的一場被冠之以「文化革命」名號的運動，所有領域都大批「資產階級保守思想」和「右傾」傾向，所有的知識分子和青年學生，也都被要求用「共產黨主義思想」的標準來要求自己，以及看待周圍的一切，在改造世界的同時也改造自己。當時，這被當作教育及文化領域的「革命」。實際上，這也是未來毛澤東將要發動的文革的又一場「小規模」預演。

49　毛澤東在八大二次會議上的講話，1958年5月8日下午，855-4-1262-1，河北省檔案館。

50　《關於向軍委會印發〈兩年超過英國〉報告的批語》，1958年6月23日，《建國以來毛澤東文稿》第7冊，第278頁。

51　毛澤東：對北戴河會議工業類文件的意見，1958年9月2日，《建國以來毛澤東文稿》第7冊，第368頁。

52　《人民日報》，1958年9月1日。

這一年，還是中蘇同盟關係開始破裂的開端，中共和蘇共兩個世界上最大的共產黨以及中蘇兩個最重要的社會主義國家走向分道揚鑣。毛澤東抓住蘇聯要和中國建立「聯合艦隊」以及在中國海岸建設長波電台這兩件事，一口咬定，蘇聯就是企圖控制中國。同時，他又抓住赫魯曉夫和蘇共同美國及西方國家「和平共處」的主張，給赫魯曉夫和蘇共扣上了「現代修正主義」的大帽子。[53]「反修」這個成為文革「奠基石」的題目，從此進入了中共主流政治話語的中心。所有這一切，後來看，都是在為文革這一大廈後來的構建打下一根根「地樁」，增添一塊塊必不可少的基石。

十三

到了1959年，大躍進已經明顯地也無可挽回地失敗了。在大躍進無比高漲的革命情緒掩映下，各地為大舉「煉鋼」都放肆地燒草砍樹，造成了前所未有的生態環境破壞。更可怕的是，在農村，好大喜功、虛報產量、過度徵購等各種人為因素結合在一起，各地的糧食生產和供應鏈開始出現越來越大的缺口，發生了嚴重的斷裂。一場中國及人類歷史上空前未有的大饑荒災難，正一步步向着華夏大地襲來。

在這一背景下，1959年7月，中共領導層在廬山開會。這個會議，本來應當糾正大躍進狂潮下出現的種種過「左」的行為。國防部長彭德懷當了「出頭鳥」，專門為此給毛澤東寫了一封信，提出要糾正左傾浮誇風。彭根本沒有想到，毛澤東居然抓住這封信不放，並押上了自己的全部政治權力和權威，轉

53　毛澤東與蘇聯大使尤金第一次談話記錄，1958年7月21日；毛澤東與蘇聯大使尤金第二次談話記錄，1958年7月22日。第二次談話記錄的部分內容，又參見《毛澤東外交文選》，北京：中央文獻出版社、世界知識出版社1994年版，第322－334頁。

而大肆批判彭德懷的「右傾」。結果，毛澤東發話後，全會的方向幾乎在頃刻之間就發生了變化，出席者都跟着毛的調子開始批彭。同時，又以各種想像為前導，「順藤摸瓜」，搞出了一個彭德懷、黃克誠、張聞天、周小舟反黨集團。

毛澤東對彭德懷的信做出如此激烈的反應，其關鍵並不在於彭寫的這封信本身，而是他從這封信中讀出的信息和意涵。在毛澤東看來，彭信的真正可怕之處，一是在於它是擺事實、講道理的；二是在於，彭德懷講的道理，又從一個非常根本的層面向毛澤東的「繼續革命」理論的正確性，以及對毛本人「永遠正確」的神話，都提出了挑戰。如果毛澤東對彭信做出「就事論事」的反應，而不是大作文章，給彭德懷扣上一堆大帽子的話，毛澤東擔心，自己的「繼續革命」理論及理念不容爭議的「正確性」，以及他以此為基礎對中共主流話語體系的控制權力、乃至自己的全部權力和權威，就會在根基上被侵蝕，甚至逐漸出現土崩瓦解的趨勢。這是毛澤東無論如何不能允許的。

但這裏，還有甌具諷刺意味的另一個方面：僅僅一年前，彭德懷還是毛澤東在軍內上層批判右傾和「教條主義」的主持人。他舉起了毛澤東授予的大棒，向着劉伯承、粟裕、肖克等一些多年來並肩戰鬥、也絕對沒有招他惹他的老戰友們頭上打去。這一過程中，他不講道理，也絕對不給被批判者說話講理的機會。一年後，彭德懷自己成了批判對象，一些前一年被他整過的人(但不包括劉、粟等)，則反過來也打着毛澤東的大旗，氣勢洶洶地舉起大棒向他打來，也全然不讓有他說話講理的機會。

這種一報還一報的情形，後來在文革中更是達到了登峰造極的地步。今日座上賓、明日階下囚的現象比比皆是，充斥天下。

在廬山上以及之後彭德懷挨整的過程中，劉少奇是一員

「超級大將」。毛澤東在山上對彭德懷發難後，劉少奇一再發言批彭。在會議後舉行的中央工作會議上，劉少奇又做了題為《無產階級革命家對待群眾的態度》的發言。其中，他着重講到了個人崇拜問題：「蘇共二十大以後，我們黨內也有人要在中國反對『個人崇拜』，彭德懷同志就是有這個意見的。他幾次提議不要唱《東方紅》，反對喊『毛主席萬歲』，這次又講什麼『斯大林晚年』，什麼『沒有集體領導』，毛澤東主席沒有自我批評，把一切功勞都歸於自己，等等。……我想，我是積極地搞『個人崇拜』的，積極地提高某些個人的威信的。在七大以前，我就宣傳毛澤東同志的威信，在七大的黨章上就寫上毛澤東思想為指導思想這一條。黨要有領袖，領袖就要有威信。……所以在蘇共二十大以後，有人要反對毛澤東同志的『個人崇拜』，我想是完全不正確的，實際上是對黨、對無產階級事業，對人民事業的一種破壞活動。」[54]

劉少奇講這些話時恐怕沒有想到，僅僅幾年後，他就會陷入比彭德懷更為悲慘的境地，在文革中被打成「中國最大的赫魯曉夫」，落得個在全國幾乎人人喊打喊殺的地步。

廬山會議，也成了毛澤東和中共走向文革路上的另一個重要里程碑。

十四

廬山會議召開時，中國的農業形勢其實已經相當絕望，大饑荒的火苗已經四處燃燒。本來，這個會應當起到滅火作用的。但會議轉向後，等於是火上加油，大饑荒的火苗越竄越高，並大面積蔓延擴散開來，形勢變得更加絕望。這裏，當然

---

54 轉引自宋連生：《總路線、大躍進人民公社化運動始末》，昆明：雲南人民出版社2002年版，第271–272頁。

有人為的原因，而最應當承擔責任的，正是毛澤東本人。進入1959年後，即使各地缺糧的報告從各種途徑傳入北京，他卻還在唱「繼續躍進」的高調。到2月底，毛澤東在本來應該為大躍進大大降溫的第二次鄭州會議上發言時，仍提出「我們一定能夠在1959年實現更大的躍進」。[55] 在毛澤東時代，不管毛講過多少次「防左」，他其實從來不「反左」，因為他自己永遠就是「左」的代表和最終的源頭。

這年春天，毛澤東明明已經看到了農村普遍缺糧的報告，還親自批轉過一篇《十五省兩千五百萬人無飯吃大問題》的報告。[56] 然而，農村的超額徵糧仍在繼續。結果，1959年糧食產量大減，糧食徵購數目卻大增，再加上各地大辦公共食堂，搞得糧食消費和損耗居高不下。到頭來，一場中國及人類歷史上空前未有的大饑荒災難，終於橫掃過整個華夏大地。

除了上述人為因素外，大饑荒的發生，還有着制度上的根源，尤其是，統購統銷體制和全國農村人民公社化起了極壞的作用。雖然說，統購統銷以及人民公社的建立本身並不必定會導致大饑荒。但是，沒有它們作為「制度」上的「入口」，達到如此程度的大饑荒恐怕不會發生，或至少不會達到如此慘絕人寰的地步。

在大躍進失敗，大饑荒又開始席捲全國的背景下，毛澤東開始在中共領導層「退居」二線，由劉少奇、鄧小平等擔負起「一線」的領導責任。這期間，毛那裏發生了一件極有意思的事情。他提出，要多讀書，並親自選了蘇聯《社會主義政治經濟學教科書》，組織起一個班子，在杭州找了一塊安靜且可以不受干擾的地方，關起門來像模像樣讀起書來，之後，還由參加讀書的一幫「秀才」們動手，整理出了一大篇《讀書筆記》。

55　《建國以來毛澤東文稿》第8冊，第75頁。

56　《毛澤東年譜 1949–1976》第4冊，第21–22頁。

毛澤東這麼做，說是為了要總結社會主義經濟建設的經驗，從中找出「規律性的東西」。但同時，又多少有一點「做戲」的味道。但說到底，這也是他在「退居二線」後，為繼續把持和掌控中共主流話語的界定權力而走出的極為重要的一步棋。毛澤東開了一個頭後，劉少奇、周恩來等其他領導人也搭起了讀書班子；就連最不喜歡讀書的鄧小平也擺了一個攤子，跟着讀起書來，就是很好的說明。毛澤東掌權後始終貫徹的一項帶有根本性的行事準則是：無論什麼時候，都絕對不能讓自己失去對於中共主流話語的掌控主導權。當時，他也只不過是在遵循自己定下的這一行事準則而已。

　　這時，中蘇關係又進一步惡化。本來，赫魯曉夫及蘇共已和中共產生芥蒂。在大躍進導致中國經濟出現嚴重滑坡的情況下，他們又走出了對中蘇關係必定會產生嚴重負面影響的新的一步。1959年6月20日，蘇共中央通知中共中央，暫緩根據中蘇之間的協定向中方提供原子彈樣品及有關技術資料。[57] 與此同時，許多蘇聯專家回國休假後奉令不再返回中國。一年後，當中國國內經濟形勢更加嚴峻時，蘇聯又於1960年7月16日照會中國，宣佈召回全部在中國工作的蘇聯專家，同時大幅度地減少蘇聯對中國的軍事及其他各方面的物質援助。[58] 這一來，本來就已經陷於困難境地的中國經濟形勢更面臨着雪上加霜的局面。

　　蘇聯做出召回全部在華專家等決定，無疑使中共領導層在

57　李覺等主編：《當代中國的核工業》，北京：中國社會科學出版社，1987年，第32頁；周均倫主編：《聶榮臻年譜》下卷，北京：人民出版社，1999年版，第680頁。

58　王泰平主編：《中華人民共和國外交史》第2卷，北京：世界知識出版社1998年版，第235–236頁；參見 "A Crucial Step toward the Breakdown of the Sino–Soviet Alliance: The Withdrawal of Soviet Experts from China in July 1960," *Cold War International History Project Bulletin*, nos. 8–9 (Winter 1996/1997), pp. 246–250.

應對嚴重的經濟困難時處於更為不利的局面。但是，若從毛澤東的視角看，這卻並不一定是一件壞事。本來，在黨內上層，大家即使不明言，但總有人會在內心裏把大饑荒的責任同毛澤東聯繫起來。蘇聯決定召回在華專家後，毛澤東又給蘇聯扣上了一頂在困難時向中國「逼債」的帽子(這和事實完全不符)，這就使得他有一切理由告訴全黨和全國人民，蘇聯「背信棄義」和「落井下石」的行徑，是造成中國國內各種困難的最重要的原因之一。同時，在大躍進失敗的背景下，這也使得毛澤東還能夠更理直氣壯地將「反修」問題同維護中國主權及基本利益的問題聯繫在一起，從而使得他的「繼續革命」得以在中共意識形態表述中仍然佔據中心地位。而在中共領導層內，是無人能夠對這樣的論證提出疑問或挑戰的 —— 否則，挑戰者就站到革命民族主義和愛國主義的對立面去了。

十五

毛澤東在大躍進失敗後的「退卻」，在1962年初達到了頂點。1月11日至2月7日，中共中央在北京召開擴大的工作會議，參與者除中央、各中央局、各省市自治區黨委負責人外，還包括地、縣、重要廠礦企業以及軍隊的負責人，出席者達七千人以上，史稱「七千人大會」。按照毛澤東的計劃，會議原定的主題是反對分散主義，他的目的，則是要在困難時期統一全黨的思想。[59]

但是，大躍進的禍實在闖得太大了。會議開始後，一些出席者或明或暗、或直或曲地對過去幾年間中央的大政方針提出詰難。更多的人，則是或者不講話，或者王顧左右而言他。毛澤東見狀，提出要讓大家「出氣」，後來看，這多少有點「欲

59　《毛澤東年譜 1949–1976》第5冊，第70頁。

擒故縱」的味道。只是，這一次他的態度顯得比以往任何時候都更為誠懇。

劉少奇在1959年後已在名義上掌控了中央一線的領導權。早在1961年5月31日，他就在中央工作會議上發言時，有過大躍進後的困難局面是「三分天災、七分人禍」的說法。[60] 在七千人大會上，他又說：「全國總起來講，缺點和成績的關係，就不能說是一個指頭和九個指頭的關係，恐怕是三個指頭和七個指頭的關係。……農民說是『三分天災，七分人禍』。你不承認，人家就不服。」[61] 尤其是，劉少奇還講到了個人責任的問題。那麼，應當負責的究竟應該是誰？

會上，一向緊跟毛澤東的北京市長彭真也講了一番話，其實屬於「小批大幫忙」。他說，毛澤東不可能沒有錯誤，但他本來便是高山，就是加些許黃土，又有什麼關係？「如果毛主席的1%、1/1000%的錯誤不檢討，將給我們黨留下惡劣影響。」[62] 但即使是這樣的批評意見，毛澤東其實也是不能容忍的。

林彪和周恩來也在會上分別講話，但基調和劉少奇、彭真不同。關於林彪的講話，尤其是他大肆吹捧毛澤東，把問題的根源歸結為「沒有按毛澤東思想辦事」，是人們已討論過很多的。實際上，周恩來的發言同林彪也多少有異曲同工之處，只是，林彪發言時不講自己的責任，周恩來則把責任都攬到了自己身上。他說：「主觀上的錯誤，要着重講違反毛澤東思想，個別問題是我們供給材料、情況有問題，不能叫毛主席負責。如果不違反三面紅旗的思想、毛澤東思想，的確成績會大些。」[63]

60　《劉少奇選集》下卷，北京：人民出版社1981年版，第337頁。

61　《劉少奇選集》下卷，第421頁。

62　薄一波：《若干重大事件和決策的回顧》，第1026頁。

63　張素華：《變局──七千人大會始末》，北京：中國青年出版社2006年版，

周恩來說這些話，應該和毛澤東對他態度的改變有關。先前，當大躍進的惡果不斷顯露出來時，毛澤東曾於1960年6月中旬在上海舉行的政治擴大會議上專門提到周恩來。他說：「1956年周恩來同志主持制定的第二個五年計劃，大部分指標，如鋼等，替我們留了三年餘地，多麼好啊！」[64] 這些話，差不多等於是毛澤東在給當年反「反冒進」時嚴厲批周的一種「平反」宣示；或者說，簡直就是一份用了「曲筆」的「罪己詔」。又怎能說，周恩來在七千人大會上的發言，不是一種對毛澤東「投桃報李」的回應？後來，毛澤東在發動文革時，他在黨內高層最需要倚靠的，主要就是林彪和周恩來的支持。其實，這一佈局的形成，同毛澤東在1961–1962年間的幾番「投子」是分不開的。同時，對於那些在七千人大會上批評了自己的人，毛澤東也一個都沒有忘記。文化大革命開始之初，毛在他的《炮打司令部》的大字報裏，把劉少奇在七千人大會前後的作為，定為「1962年的右傾」。江青後來也說：毛主席在七千人大會上「憋了一口氣」，一直到文化大革命才出了這口氣。[65] 彭真本是受到毛澤東信任的人，但在七千人大會後，毛其實已經覺得他有「異心」。文革開始時，彭真成為最先受到整肅的中共最高層領導人之一。

七千人大會後的一段時間裏，毛澤東離開北京去了外地，劉少奇、鄧小平等仍有過「趁熱打鐵」的機會，他們也並非不想抓住這個機會。七千人大會上出現的「群言堂」的氣氛和實踐，幾個星期後，在2月21日至23日的政治局常委擴大會議(因會議在中南海西樓會議室舉行，也稱「西樓會議」)上達到了

109–110頁；薄一波：《若干重大事件和決策的回顧》，第1027–1028頁。

64　毛澤東：《十年總結》，1960年6月18日，《建國以來毛澤東文稿》第9冊，第214–215頁。

65　張素華：《變局》，第281頁。

文革政治史批判筆記

頂點。這次會議，由劉少奇主持。在會上唱主角的，一是劉少奇，二是應劉少奇要求講經濟問題的陳雲。陳雲從五個方面，集中講述了當時面臨的經濟困難：農業嚴重減產，基本建設規模過大，多發鈔票彌補財政赤字的做法導致了通貨膨脹，投機倒把現象嚴重，城市人民生活水平下降。[66] 陳雲的話，還是就事論事，但劉少奇做結論時，說了幾句很重的話：七千人大會「對困難情況透底不夠，有問題不願揭，怕說漆黑一團！還它個本來面目，怕什麼？說漆黑一團，可以讓人悲觀，也可以激發人們向困難做鬥爭的勇氣！」劉又說：「現在……是個不正常的時期，帶有非常時期的性質，不能用平常的辦法，要用非常的辦法，把調整經濟的措施貫徹下去。」[67] 會後，好久未活動的中央財經小組恢復，由陳雲任組長，負責對1962年計劃做大的調整，包括對重工業和基礎建設指標做「傷筋動骨」的削減。

中國政治領域的「早春」景象，也滲透進入了文化知識領域。七千人大會後，在廣州開了一次知識分子座談會。周恩來鼓動陳毅出頭，發表了關於一通「知識分子屬於勞動人民」的談話，並向知識分子「脫冕敬禮」。3月28日，周又親自出馬，在全國人大二屆三次會議上講了這麼一番話：「知識分子中的絕大多數，都是積極地為社會主義服務，接受中國共產黨的領導，並且願意繼續進行自我改造的。毫無疑問，他們是屬於勞動人民的知識分子。……如果還是把他們看做資產階級知識分子，顯然是不對的。」[68] 這是周一生中，很少幾次對於文藝領域或知識分子問題上如此直接地介入和「干預」。這是否是周恩來在為提出某種「替代性話語」的「投石問路」？

不過，當時其實已有跡象表明，毛澤東對劉少奇在七千人

66　《陳雲年譜》下卷，北京：中央文獻出版社2000年版，第110页–113頁。

67　《劉少奇年譜》下，第549頁。

68　《周恩來統一戰線文選》，北京：人民出版社1984年版，第426頁。

大會和西樓會議上的說法和做法，頗不以為然。3月16日，劉少奇、周恩來、鄧小平一道，從北京飛到武漢，從當晚起，連續兩天向正在那裏的毛澤東彙報西樓會議的情況。毛主要是聽，既不發表評論也不做什麼指示。[69] 4月9日，毛澤東回到北京後在最高國務會議上談到七千人大會及之後的情況時說：現在對有些問題有許多不同的意見，比如三面紅旗究竟還要不要，究竟還對不對之類，要有一個實踐的過程，要有一個做的過程。[70] 這幾句話裏，隱約間帶着一種「上綱上線」的戾氣。

十六

從1962年年中起，風向開始轉變。整個春天直至初夏，毛澤東都在外地視察，到處找人談話。5月，他在上海聽取秘書田家英到湖南等地現場調查後的彙報，當田講到，毛家鄉湖南韶山的百姓「要求包產到戶和分田到戶的呼聲很高」時，毛澤東的態度「相當冷淡」，還衝了田一句：「我們是要走群眾路線的，但有的時候，也不能完全聽群眾的，比如要搞包產到戶就不能聽。」[71]

7月上旬，毛澤東回到北京後，又聽取田家英彙報。毛的一個大本事，是從根本上提出問題。田家英向毛澤東力陳，可以在農村有組織地搞包產到戶。又說，這「是臨時性的措施，是權宜之計，等到生產恢復了，再把他們重新引導到集體經濟」。毛澤東一言不發，只問了兩個問題：「你的主張是以集體經濟為主，還是以個體經濟為主？」「這是你個人的意見，

---

69 《周恩來年譜 1949–1976》中卷，第464頁；《毛澤東年譜》第5冊，第92頁。

70 《毛澤東年譜 1949–1976》第5冊，第96頁。

71 《毛澤東年譜 1949–1976》第5冊，第102–103頁。

還是別人的意見？」[72] 田家英同毛澤東談話後說：「主席真厲害。」他的意思是，毛「善於抓住對方談話的要害，出其不意地提出問題，使他當場不知如何回答才好」。[73]

毛澤東又召集劉少奇、周恩來等開會，先從河南、山東兩省的夏收談起，說「形勢不那麼壞」。接着，他把話挑明：不贊成搞包產到戶。[74]

據劉少奇之子劉源的回憶，應該就在這次會議之後，毛、劉兩人在中南海游泳池發生了一番言語上的衝突。當時，劉少奇欲同毛澤東說話，但毛開口便質問道：「你急什麼？壓不住陣腳了？為什麼不頂住？……西樓說得一片黑暗，你急什麼？」劉在毛的一連串指責之下，一時按捺不住，頂撞毛說：「餓死這麼多人，歷史要寫上你我的。人相食，要上書的。」毛澤東聽後火氣更大，開始給劉少奇扣帽子：「三面紅旗也否了，地也分了，你不頂住，我死後怎麼辦？」[75] 此後，劉少奇按捺住自己，未再張口。但這件事，給本來就已出現了裂痕的毛、劉關係留下了一片濃重的陰影。大概就是在此時此刻，毛澤東下了最終要「搞掉」劉少奇的決心。

7月25日至8月24日，中共中央在北戴河舉行工作會議。毛澤東連續發言，說了一些很重的話。例如，談到國內外形勢時，他說：當前國際國內都有一個共同性問題，就是革命究竟由無產階級領導，還是由資產階級領導。對我們這些國家來說，就是究竟要無產階級專政，還是資產階級專政。「究竟搞社會主義還是搞資本主義。鬥爭的時間相當長，一百年後還有

72　《毛澤東年譜 1949–1976》第5冊，第111頁。

73　《毛澤東和他的秘書田家英》，北京：中央文獻出版社1989年版，第93頁。

74　《毛澤東年譜 1898–1976》第5冊，第112頁；《毛澤東和他的秘書田家英》，第93頁。

75　王光美、劉源：《歷史應由人民書寫——你所不知道的劉少奇》，香港：天地圖書1999年版，第49頁。

這個問題，這種形勢要看到。」[76] 8月6日，毛澤東在全體會議上發言，提出階級、形勢和矛盾等三個問題，並發問：「究竟有沒有階級，社會主義社會究竟存不存在階級」；「國際國內形勢究竟怎麼看，國內形勢是不是一片黑暗，還是有點光明」；「社會主義社會是不是就沒有矛盾了，有些什麼矛盾？」[77] 毛澤東的話，高屋建瓴，由不得別人爭辯。他甚至還極其情緒化地說：「說壓力，那你先壓我麼！你壓了我幾年了麼！……說集體化沒有優越性，那不是壓我？」[78]

9月下旬，中央舉行八屆十中全會，毛澤東又說：社會主義國家還有沒有階級，有沒有階級鬥爭？應當肯定，還是有的。他接着點題：中國國家與社會所面臨的主要矛盾是階級矛盾，也就是無產階級革命和資本主義復辟之間的矛盾。「在整個社會主義歷史階段資產階級都將存在，並有資本主義復辟的危險」。因此，「千萬不能忘記階級鬥爭」，「關於階級和階級鬥爭，我們可以現在就講起，年年講，月月講，開一次中央全會就講，開一次黨代表大會就講，使我們有一條比較清醒的馬克思主義的路線」。[79]

毛澤東在會上還提出了「利用小說反黨」的問題，說了一句名言：「凡是要推翻一個政權總要先造輿論，總要先做意識形態方面的工作，革命的階級是這樣，反革命的階級也是這樣。」[80] 其實，掌控政權和造輿論的關係，同樣甚至更為密

76　逄先知、金冲及主編：《毛澤東傳 1949–1976》下，北京：中央文獻出版社2003年版，第1235頁；《毛澤東年譜 1898–1976》第5冊，第122頁。

77　《毛澤東傳 1949–1976》，第1236–1237頁；《周恩來年譜 1949–1976》中卷，第492頁。

78　薄一波：《若干重大事件和決策的回顧》，第1077頁。

79　《毛澤東年譜 1949–1976》第5冊，第151–153頁；毛主席在八屆十中全會上的講話(記錄稿)，1962年9月24日，101–12–119，第22–27頁，福建省檔案館。

80　轉引自叢進：《曲折前進的歲月》，鄭州：河南人民出版社1989年版，第512頁。

切。這裏，造輿論，就是掌控主流話語的界定權力。在這方面，毛是蓋世無雙的高手。他永遠有着製造並掌控主流話語的本事，黨內其他領導人，包括劉少奇、周恩來、鄧小平等人，卻沒有本事在這個層面提出與毛澤東的主張不同的替代性選擇。後來，毛澤東又根據《在延安文藝座談會上的講話》的路數，由江青擔任先鋒大將，開始大搞文化、文藝界的「革命化」運動，使之成為走向文革的一個直接入口。

八屆十中全會是中國政治和社會發展的一個極為重要的轉捩點。全會開過之後，中國內外政策形成了全面「左轉」的大趨勢。正是從這裏開始，此後幾年間，國內政治生活中「反修、防修」的呼聲震天動地，從四清、社會主義教育運動、再到無產階級文化大革命，超常的群眾動員步步升級，一直搞到「天下大亂」的地步。

十七

1963年起，四清運動(後來，改稱為社會主義教育運動)開始推行。在這一過程中，出現了毛澤東和劉少奇之間或明或暗地爭奪對主流話語界定權力的爭鬥。(但劉少奇直到此時才如此「出手」，實在是太晚，也太沒有力道了。)後來看，毛澤東採取的，是放劉少奇「出山」、「出手」的策略。尤其是，他鼓動劉讓自己的夫人王光美下去蹲點，搞出了一時間成為四清「樣板」的桃園經驗。

但很快，毛澤東就開始出招，抓住劉少奇提出「四清和四不清」之間矛盾的提法不放，以自己的「階級鬥爭」論予以狙擊，並取而代之。於是，先有中央關於社教的《前十條》，再有劉少奇很想搞的《後十條》和《十七條》，最後，毛澤東搞出來一個《二十三條》。這一過程中，從最初的「五反」(反

貪污盜竊、反投機倒把、反鋪張浪費、反分散主義、反官僚主義)和小「四清」(清賬目、清倉庫、清財物、清工分)轉變為大「四清」(清政治，清經濟，清組織，清思想)，毛澤東最後明確地提出，運動的重點，「是整黨內那些走資本主義道路的當權派」。這一提法，在文革中延續下來，也成為文革的中心使命。在這一關鍵點上，四清、社教和文革有着明顯和明確的淵源與繼承關係。

這期間，出現了一個很有意思，似乎也很奇怪的現象。劉少奇一面拚命地跟從毛澤東設定的「階級鬥爭」路線和話語框架，並根據他所理解的毛澤東的意思(但又夾雜着他的「私貨」)，推動四清和社教運動。但另一方面，他越是這麼做，就越是在毛澤東那裏落下「話柄」，後來又遭到毛的嚴厲批評，也不斷地在為自己挖掘政治上的墳墓。

1964年底，毛澤東朝着文革走出了一大步。他在12月下旬召開的中央工作會議上，對劉少奇、鄧小平當面發飆。這也是他對於自己黨內地位、權威和權力的一次測試。那天開會時，他有備而來，一走進會場就把兩本書放在桌上，一本是《中華人民共和國憲法》，另一本是《中國共產黨黨章》。他明知故問：我是不是黨員？算不算公民？「如果算的話，那麼有沒有言論自由？准不准許人家講幾句話？」他是在指責劉少奇和鄧小平，說他們一個不讓他出席會議，一個在會上不讓他講話，侵犯了他的黨員和公民的權利。講話中，毛澤東針對劉少奇關於「四清」的性質是解決「四清」和「四不清」矛盾的提法，宣佈「統統不對」，運動的名稱就叫社會主義教育運動，重點是整黨內那些走資本主義道路的當權派。這是毛澤東在「點題」。面對毛的指責，劉、鄧極為尷尬，只能沉默不語。[81]

81　《楊尚昆日記》下，北京：中央文獻出版社，2001年版，第478–482頁，對此有較詳細記錄；又參見《毛澤東傳 1949–1976》，第1372–1375頁(其中有對於

12月26日，是毛澤東七十一歲生日，他請客吃飯，除中央領導人和幾位地方諸侯外，他又請了各界先進模範人物，並讓錢學森、陳永貴、董加耕、邢燕子等同他一道坐主桌。[82] 晚宴上，毛澤東指鹿為馬地講到：有人說什麼四清運動是解決「四清」和「四不清」及黨內外矛盾交叉，這是非馬克思主義的。他還說了一句極兇的話：黨內有產生修正主義的危險。據在場的薄一波描述，「席間鴉雀無聲」。[83] 這時，毛澤東要射出的文革之「箭」，已在弦上了。

1965年年初，毛澤東親自出馬主持召開中央工作會議，制定一個關於社會主義教育運動的新文件，即《二十三條》。他親筆修改，在文件中加入了幾段對劉少奇「四清與四不清的矛盾」和「黨內外矛盾的交叉」提出嚴厲批評的話。[84] 《二十三條》明確提出：這次運動(已改稱「社會主義教育運動」)的重點，「是整黨內那些走資本主義道路的當權派」。這個新提法，毛澤東在上一年12月的中央工作會議上就提出過，此時又正式寫入文件，後來更為文化大革命所承繼。正是在這個意義上，《二十三條》的出臺意味着無產階級文化大革命的帷幕已經拉開了。[85]

會議記錄的大段引用)；《毛澤東年譜 1949–1976》第5冊，第457–458頁。

82　曾志：《一個革命的倖存者——曾志會議實錄》，廣州：廣州人民出版社1999年版，第433頁。

83　《毛澤東傳》，第1371–1372頁；《毛澤東年譜 1898–1976》第5冊，第456頁。薄一波《若干重大決策與事件的回顧》，第1131頁。

84　薄一波：《若干重大事件和決策的回顧》，第1132頁。

85　後來，毛澤東於1970年12月18日會見斯諾時，斯諾提問：毛從何時明顯感覺到必須把劉少奇從政治上搞掉？毛說：「1965年1月《二十三條》發表。《二十三條》中間第一條是說四清的目標是整黨內走資本主義道路的當權派，當場劉少奇就反對。」《建國以來毛澤東文稿》第13冊，第173頁。

第二章

山雨欲來風滿樓

一

從歷史發展看，社會主義教育運動是文化大革命的前奏，但社教畢竟不是文革，兩者有聯繫，卻又有很大的差異。不管怎麼說，社教運動還是在中共建制系統的領導掌控下進行的。但文革卻不同，完全打破了先前中共所曾經發動過的任何一次政治或群眾運動的陳規和路子。尤其是，在文革大亂達到頂點的時候，甚至連黨和國家的建制也幾乎完全被摧毀，基本失去了組織與控制的功用。

這樣一場在中共本身的歷史上，甚至在人類歷史上都找不到先例的宏大運動，是如何發生的？毛澤東為什麼要發動這場運動？這是一個被人們問過無數次，並一直還會繼續追問下去的問題。每一代人，也必定會得出不同的答案。

一種相當流行、並在國內外學界乃至學界之外頗有市場的說法是，毛澤東發動文革，歸根結底，是為了要奪回「至高無上的權力地位」。這一看法並非全然沒有道理，但明顯地把複雜的問題簡單化了。確實，大躍進及大饑荒後，毛澤東「退居二線」，權威和權力受到了嚴重的衝擊。這一點，在1962年初的七千人大會上表現得相當清楚。尤其是，作為黨內二把手以

及「一線」工作主持人的劉少奇，居然當着毛的面講出了「三分天災，七分人禍」的話。後來，他又膽敢當面對毛說：「人相食，是要寫進歷史的，你我是要負責的」。這是毛澤東權力和權威褪色的生動寫照。

但同時，即使在上述情況下，毛澤東其實從來沒有失去對權力的控制。這裏的癥結，不僅在於歷史上形成的以毛為中心的中共權力結構不是那麼容易打破的；更要緊的是，七千人大會上，自劉少奇以下，黨內其他領導人說話都是「就事論事」，從未在關於「繼續革命」的基本理論層面上同毛澤東對峙，更遑論提出任何可以與毛分庭抗禮的「替代性敘述」了。儘管有一段時間看來，劉少奇、鄧小平等處在一線的領導人手中的日常決策權力似乎大大加強了，但掌控中共主流話語制定權的，仍然是毛澤東。更何況，毛澤東歷來相信「槍桿子裏面出政權」。即使「退居二線」後，軍權仍然掌控在毛澤東的手裏。他不僅是中共中央主席，還是中共中央軍委主席。而劉少奇、周恩來、鄧小平等人，除了鄧是中央軍委委員(後為常務委員)外，劉、周雖分任國家主席和國務院總理，卻在軍委連一官半職也沒有。

如果只是出於重新全面掌控權力的狹隘考慮，毛澤東完全沒有必要發動文革。用他自己的話來說，我只要動一個小手指，就能打倒劉少奇。這並非毛澤東的狂言或妄語。他雖然「退居二線」，實際上從來沒有放棄或失去權力，仍然是「太上皇」。有一件事，若屬實的話，就很能說明問題。1961年3月初，他在廣州主持召開政治局常委擴大會議，討論人民公社體制問題，讓人打電話通知劉少奇參加。劉當時正在北京主持另一會議，問「能不能晚兩天來」，毛澤東大發脾氣，讓陶鑄到北京「把劉少奇叫來」，並寫了一張字條：「是哪個皇帝騎

在我頭上拉屎，現任命陶鑄為特命全權大使到北京接駕。」[1]

正如先前已述及的，從1962年晚春時起，毛澤東就抓住包產到戶問題，從「姓社」還是「姓資」的角度入手，對當時處於一線的劉少奇、鄧小平等人的政策主張及行為提出了質疑。1962年夏，中共領導層先後舉行北戴河會議和八屆十中全會。毛澤東更是親自出馬，轉守為攻。結果，他在開始「回籠」先前被削弱的政治權力和權威的同時，也把主流話語的界定權力更加牢固地、完完全全地抓到了自己手中。後來，整個社教運動基本上就是按着毛澤東「抓階級鬥爭」的大思路展開的。也就在這個過程中，毛澤東已經成功地重新回到了「一線」，抓回了前幾年他「讓渡」給劉、鄧等人的那點權力。僅僅是為了「全面掌權」，毛澤東哪裏有必要搞這麼一場弄得天下大亂——那可也是他自己的天下——的文化大革命？

毛澤東之所以發動文化大革命，歸根結底，是他決心將關於「人心」和「人性」改造的巨大社會工程付諸實踐。他發動文革，有着兩層意義上的目標：第一，尋求改造中國國家、社會與人的新手段；第二，相應地攫取並保持無限的政治權力。兩者中，後者是為前者服務的，其本身確是毛澤東的目的，但並非終極目的。

二

寫到這裏，應該專門談談毛澤東了。説到底，文革是毛澤東的「產品」。搞文革，某種意義上，甚至可以説是毛澤東的一椿「一人工程」。若是沒有他，文革的發生是不可想像的。他是文化大革命絕對的中心人物，若是他在1966年前的哪一天發

1　吳南生：《親歷經濟特區的決策過程》，《炎黃春秋》，2015年第5期，第11–12頁。

生不測，那麼，我們曾經歷的那場「大革命」是不會發生的。

　　毛澤東有梟雄氣質，從來就不是安份守己之人。從小，他就同習慣於在家中說了算的父親關係緊張，但潛移默化之中，已經承繼了父親的霸道氣質。他的母親信佛，但這恐怕只是一種生活態度，而並非真正意義上的宗教信仰。從本質上看，這種「信佛」仍然是一種「此岸生活」的延續，而實在算不得「彼岸關懷」或「彼岸想像」的追索。毛澤東幼年時也曾跟着母親「拜菩薩」，但成長起來後，還是無神論者。

　　但毛澤東並沒有因此就成為「徹底的唯物主義者」。儘管他常常把歷史唯物主義掛在口上，但他的世界觀和思想方式，卻受到了唯心主義或唯意志論的深度滲透。他的一系列關於革命以及「繼續革命」的言論，包括關於文革的言論，都強調「思想領先」以及「意識形態掛帥」，同普通人的生活經驗其實相距甚遠，都帶有極為嚴重的唯心指向。這也是他的「革命」及「繼續革命」的想像及實踐，何以無法擺脫因與普通人生活經驗難以契合而產生的「合法性危機」的一個根本原因之所在。

　　很多年前，位居美國中國史研究「三傑」之首、現已作古的魏斐德（Fredric Wakeman）教授，曾在《歷史與意志》一書中論及毛澤東思想的歷史文化根源。這本書，出版的年代太久，現在已被人們遺忘，在美國學界史幾乎再無人提起。但實際上，這本書中有一些極有見地的看法，今天仍有意義。魏斐德教授研究中國史，最初是從明清史開始的。他在書中，就將王陽明的「心學」和毛澤東的觀念世界及思維方式做了歷史比較，指出毛澤東的「知行統一」和王陽明的「知行合一」之間有相通承繼之處。毛澤東關於實踐及歷史發展與思想觀念之間關係的看法，滿是悖論。但講到底，魏斐德指出，意志在毛澤東那裏仍然是第一位的。「沒有意志，也就沒有歷史了。」[2]

2　Frederic Wakeman, *History and Will: Philosophical Perspectives of Mao Tse-tung's Thought,*

從根本上說，毛澤東是一個理想主義者，而且是一個至死不渝的理想主義者。他也是性情中人，極富想像力及浪漫主義色彩。他最終走上發動文革之路，同他一系列關於「理想境界」和「理想社會」的想像絕對是分不開的。他自稱，自己身上既有「虎氣」，又有「猴氣」。對此，不可小視，是需要認真對待的。如果毛澤東僅僅只有其中之一「氣」，就不成其為毛澤東了。在他漫長的政治生涯中，這種「虎氣」和「猴氣」的結合達到了爐火純青的地步。如果毛澤東只有非凡的權謀，或只有能夠吸引人於一時的烏托邦想像和表述，那麼，他都不可能走到可以搞文化大革命那麼遠的地步。他在實際政治鬥爭的環境裏，在戰略和政策表述和實施的層面，將這兩者結合在一起的能力可謂無與倫比。

毛澤東後來成為毛澤東，早年的經歷很重要。他是中日甲午戰爭前一年出生的，年籍弱冠時，看到的是落後的中國面對西方列強和日本的侵略，正處於一派國難深重的環境與氛圍之中。毛澤東和他這一代的中國共產黨人，之所以成為共產黨人，固然是因為他們為社會主義及共產主義極為美麗的預言和想像所吸引，同時也因為他們把似乎只有共產黨才能領導的激進的社會和政治革命，視為從帝國主義侵略下拯救中國，並使得積貧積弱的中國「自立於世界民族之林」、乃至重新成為「天下中心」的捷徑。毛澤東是如此，其他一大批中共領導人又何嘗不是如此。周恩來還在上高小時，目睹東北山河遭日俄戰爭踐踏的景象後，老師上課時問：「讀書為什麼？」他的回答竟是「為了中華之崛起！」[3] 鄧小平本為富家出身的紈絝子弟，留歐後卻因看到中國的落後及與發達國家的巨大差距，

Berkeley, CA: University of California Press, 1973, p. 327.

3　　《周恩來傳 1898–1949》，第10頁；《周恩來年譜 1949–1976》下卷，第10頁。

又受到當時澎湃於歐洲的社會主義思潮影響，居然「改邪歸正」，成為共產黨人。[4]

毛澤東後來在「新中國」立國之時說：「中國人從此站起來了」。這既是一項關於「新中國」合法性的聲明，又怎能說不是他——以及他的中共同志們——在他們的革命歷經艱難後獲得全國性勝利時的一種心聲透露？

說到這一步，應該對毛澤東觀念世界的「構成」再做一番「追根尋底」式的追索和清理了。這就不能不講到另一個問題：就文革的思想起源而言，它同外來的馬克思主義、列寧主義、斯大林主義，或巴黎公社之類的經驗等，到底有多大的關係？我覺得，有關係，但並不特別大。毛澤東一生手不釋卷，即使在長征途中，寧願扔掉別的很多東西，卻不肯把書全部扔掉。他掌權後，臥室裏的大半張床上都放滿了書，甚至連衛生間也四處是書。他青年時代讀過一些西人著作，成為中共領袖後，又不時「惡補」馬列主義知識。但他從小時起，讀得最多也最投入的，還是中國文史典籍，尤其是歷代史書，且常常過目不忘，記得很牢，對於其中的政治典故，更有隨手拈來的功力。再加上毛澤東在農村長大，又有着從小在下層社會生活的經驗。他對中國、中國人(尤其是農民)以及中國社會有一種獨特的解讀能力。他成為共產黨人後，固然常常使用外來話語和概念，尤其是馬列主義的語言，但他把它們「中國化」的能力，簡直達到了出神入化的地步，在實踐中也做到了極致。

在毛澤東關於「革命」的認識中，「摧毀」和「建設」之間——或者說「破」和「立」之間——的辯證關係，佔有極為重要的地位，但卻又頭重腳輕，前者的份量遠遠超過後者。不僅如此，在毛澤東看來，兩者還不能相提並論，「摧毀」是「建設」的前提和基礎，「破字當頭，立字也就在其中了」。

4　鄧小平自傳，1926年，手稿影印本。

　　　　　　　　文革政治史批判筆記

所以，他説：「馬克思主義的道理千條萬緒，歸根結底，就是一句話，造反有理。」這句話，透露出了他關於「革命」想像的精髓之所在。

然而，政治實踐中熱衷於「革命」的毛澤東之所以可怖，其實並不在於他的「破」、「立」之道，而在於經過一系列黨內鬥爭、尤其是經過延安整風後，他手中掌握了幾乎不受制約的絕對權力，同時，中共黨內又建立起了一整套以「毛崇拜」為中心的話語體系和政治體制。但這一切，又有着中國千年以專制主義為特徵的政治文化傳統的深刻根源。毛澤東和他的同志們永遠在説，他們的革命要「打爛舊世界」，但他們自己不也是那個要被「打爛」的舊世界的產物嗎？每一個在中國掌權者的觀念世界裏，都會有中國「舊」政治文化的濃重陰影，在每一個中國人心中的某個角落，也都可能隱藏着一個「毛」。

在毛澤東掌權後無法無天的行為中，我們看到的其實是一個已被無數次證明的簡單的道理：權力使人腐化，絕對的權力，絕對使人腐化。文革，固然由毛澤東一手策劃並導演，但也是以毛思想為中心的中共「黨文化」及其長遠及複雜的傳統根源的「產品」。從這一意義上説，文革的發生並非全屬偶然。把一切都歸之於毛的「錯誤」和「惡」，其實是抽去了其中最為深刻的歷史文化根源上的涵義。也正因為如此，在文革結束四十多年後，仍然需要認真清理文革的遺產。

在毛澤東發動文革的動機中，還藏有一種極為深刻的「合法性危機」意識。在文革前的幾年裏，毛澤東一再講到的，是中國「會不會變色」、會不會也像蘇聯那樣「出現資本主義復辟」的問題。這裏，其實有着一種歷史邏輯上驚人的顛倒：本來，中國根本沒有經過資本主義充分發展的階段，這一點，連毛澤東自己也是完全承認的，既然如此，所謂「資本主義復辟」又從何談起？

但毛澤東仍然堅持這個說法，而且，中共領導層內諸公居然無法對之提出挑戰。其實，毛澤東在這裏是把「資本主義」意識形態化了。所謂「資本主義復辟」，在毛澤東那裏，同黨的上層（尤其是中央）出現修正主義、並掌握黨和國家最高權力是同一個意思。因而，這本質上不是一個關乎經濟發展水平及發達程度的問題，而是黨和國家的領導權究竟掌握在何人手裏，執行何種戰略和路線，以及追求何種理想和前景的問題。防止資本主義復辟，也就必須從意識形態領域的「革命化」，以及對年青一代的思想教育做起。

毫不奇怪，自中共建政後，毛澤東一直有一種揮之不去的「後革命焦慮」。他作為充滿想像力的革命政治家的直覺告訴他，他的思想和黨內其他領導人有着很大的差異；他也極為擔心，他所希望推動的「革命」和「繼續革命」會失去內在動力——尤其是在他百年之後。而且，他的焦慮越到後來越強烈。進入1960年代後，他的「後革命焦慮」中又發展出一種強烈的「晚年焦慮」或「身後焦慮」。他一再提到自己要「去見馬克思」的問題，甚至還具體地想到五種「可能的死法」：一是被敵人開槍打死；二是坐飛機摔死；三是坐火車翻車而死；四是游泳時被水淹死；五是生病被細菌殺死。[5] 這其實是他的「晚年焦慮」及「身後焦慮」的活生生的表露。

所有這一切，都使得毛澤東不斷地試圖為保持及加強「繼續革命」的內在動力尋找各種手段；憑藉他的巨大權力和權威的支撐，又同天馬行空般的想像及無與倫比的「大敘事」構建能力結合在一道，他無法無天（這是他自己的話）。當他幾乎不顧一切地將他的理念轉變為行動時，「無產階級文化大革命」的到來就成了一樁非常順理成章的事情了。

5　毛澤東同蒙哥馬利元帥談話記錄，1961年9月24日，全宗X1，目錄29，案卷
　　241，廣西壯族自治區檔案館。

三

在這裏，我還想對毛澤東的「身後焦慮」多講幾句。就毛澤東搞文革的直接心理動因而言，他的「身後焦慮」從「後革命焦慮」中引伸出來，同當時黨內高層政治運作的聯繫更為緊密。1964年後，毛澤東提出並一再重申解決「無產階級革命接班人」問題的重要性，擔心革命會後繼無人，這正是他的「身後焦慮」的活生生的體現。

毛澤東提出這一命題的直接政治含義，很明顯地牽涉到了劉少奇。1950年末、1960年代初毛澤東「退居二線」後，劉少奇成了「一線」的領導人之首，也自然成為毛接班人的頭號人選。對這一點，毛澤東本人也曾認可。1960年，他和來訪的英國蒙哥馬利元帥談話時，就明確地說，劉少奇是他的接班人。[6]但問題在於，毛澤東對於劉少奇在政治上的不信任，可謂由來已久。而且，這種不信任，與其說是針對劉少奇這個人，毋寧更準確地說，還有着更為廣泛的意涵，那就是，這也是由劉少奇佔據了黨和國家第二把手的位置所使然。

於是，還有必要從另外一個角度來談這個問題：毛澤東之下的第二把手，從來就不好當，日子也從來就不好過。文革中，毛澤東把劉少奇徹底搞下去了。後來，又把林彪也搞下去了。同時，他又不斷和一度在實際上坐上「二把交椅」的周恩來「過不去」。文革後期曾成為實際上的「二把手」的鄧小平，也是在被毛澤東打倒又扶起後，再次被打倒。所有這一切，其實都是同毛澤東的「身後焦慮」分不開的。

我寫《周恩來和他的時代》時就有一種真切的感受：周恩來對這個問題向來就有着高度的敏感，也始終保持着高度的警

---

6   毛澤東同蒙哥馬利元帥談話記錄，1961年9月14日，同前註。

覺，從來不敢有絲毫的懈怠。在這一點上，他同劉少奇、林彪、鄧小平，都形成了對照。周恩來這個人，本來就沒有什麼「最高領袖」欲。從1920年代後期到1930年代中期，他有多少次機會可以順理成章地成為中共最高領導人，但他卻不去爭這個位置。遵義會議後，他一度實際上已經是黨和軍隊的最高領導人了，但他卻拼命推毛澤東出來，讓毛得以在黨和軍隊的決策中樞佔據中心地位。1930年代末毛澤東崛起後，周恩來其實在延安整風前就確立了一項準則：在毛澤東為最高領袖的領導體制之下，他絕對不會去覬覦黨的最高領導人的位置──他清楚地知道，只要毛澤東在世一天，這個位置就是毛的。經歷了延安整風後，周恩來又為自己立下了另一項準則：從此之後，他也絕對不會去爭奪毛澤東之下黨內第二號人物或毛的接班人的位置。延安整風中，劉少奇是批判周恩來「批得最兇的」的一位，但當劉成為黨內第二把手後，在他未完全失去毛澤東信任的很長一段時間裏，周恩來不僅擁毛，同時也擁劉。劉少奇被「打倒」之後，周恩來對於毛澤東定下的接班人或毛之下的二把手，如林彪、王洪文(毛曾短暫地將他當作「接班人」考察使用)、鄧小平，也都持支持和擁護的態度。

無怪乎，林彪倒臺後，周恩來身不由己地一度成為實際上的第二把手時，他的反應和表現簡直是誠惶誠恐(包括在毛澤東一度病危時，他居然出現了小便失禁的情形)。周恩來對毛澤東知之甚深，他在對毛的「身後焦慮」及其對自己在政治上所構成的巨大的潛在危險的認識上，顯得比劉少奇、林彪、鄧小平都更為深刻。這也是他最終幾乎能夠「熬過」文革(只是未能熬過病魔絕症)，雖然歷盡磨難，卻至死也始終未被打倒的一個重要原因。

四

文革於1966年爆發，又是同1960年代中期中國上層與底層社會和政治互動而產生的一系列大變動分不開的。

文革前一年，我考進中學。這是一所住宿制的重點中學。現在仍然清晰地記得，那時，在「為革命而奮發學習」的口號下，課還在上，書還在讀，但學校整個環境卻已被一派「戰備」和「革命動員」的氣氛滲透乃至籠罩。尤其是，我們都被號召，要「學習解放軍」。具體到學習對象，最中心的人物，無疑是當時已在全國家喻戶曉，在青少年中更是幾乎無人不知並引為楷模的「雷鋒同志」。

1963年，在中國政治環境和氛圍在八屆十中全會後全面「左轉」的背景下，《中國青年》發表了一篇關於雷鋒「毫不利己，專門利人」先進事蹟的報導。這件事，觸動了毛澤東腦子裏「創造共產主義新人」的那根弦，他揮毫題詞「向雷鋒同志學習」。由此而開始的，是一場很快席捲全中國的「學習雷鋒」運動，深入到了全社會的幾乎每一個角落和細胞，在我們那一代青少年中的影響尤為巨大。

學雷鋒運動又和全國學習解放軍聯繫在一起，由此所開啟的，是一種公民標準全盤「道德化」的進程：在黨和國家巨大權力的支持和整個教育、輿論系統的全力推動下，以雷鋒為標桿和楷模，它為每一個公民(尤其是將成為未來公民的少年兒童)設置了一系列極為崇高的道德準則和規範，並使它們變成每個人日常生活中必須尊崇的準則和規範，或者說，是何為「新人」的標桿。實際上，這也是對「公民」內涵及定義的重新界定：它把一系列普通人日常生活中不可能付諸實現的「利他主義」準則，當成了「合格公民」在日常行為中必須達到的底線。在實踐中，這一切又同毛澤東的階級鬥爭理論和實踐結

合一道，使得一切與此格格不入的思想和行為，都有可能被隨意地扣上「階級敵人」和「反革命」的帽子，淪為革命理想和進程的「他者」或「異己」。從歷史的眼光看，這其實也是毛澤東為文革這一場注定將捲入千千萬萬青少年的超常動員所作的又一準備。

到了文革期間，由這種對於絕對「道德高點」的追求所打開的，卻是對「道德底線」產生了致命衝擊的「潘朵拉」的魔盒。文革最為深刻、最為長久、也最難以面對及消化的負面遺產，應當是全社會那麼多人被逼着說假話、說違心話而造成的可怖後果。到後文革時代，這又同被扭曲的商品大潮結合在一起，構成了全社會道德底線的普遍失守。它甚至使得很多人在內心深處相信，一切的「善」都是不可能的，都是虛偽的。而只有「惡」，才是真實的和不可避免的。

由不得要說，文革給人們留下的一個最為重要的教訓是：對於道德底線的守護和遵守，比之對於道德高點的嚮往和追求要遠為基本，也遠為關鍵。說到底，這裏涉及的是一個很簡單、也是從無數個案的角度早已為人們不知講過多少遍的道理：第一，罪惡和罪過並不一定因罪惡的動機而發生。而罪過和罪惡的程度(包括產生壞影響的程度)也不一定與動機是否罪惡和多麼罪惡有關。罪過或罪惡可以出自最為美好的想像和願望(或至少從某一層面來看是如此)；由此而產生的罪過和罪惡，有時(就像文革中那樣)可以比因罪惡的動機而產生的罪過和罪惡更嚴重得多，甚至可以達到匪夷所思和令人極端髮指的地步。第二，權力使人腐化，絕對的權力絕對使人腐化。而以「革命」的名義行使的絕對權力，又打着「革心」的道德革命的大旗，更有本事使得腐化滲透進入到人的靈魂與心靈的深處。

再回到1963和1964年。從引向文革的黨內高層政治發展的角度來看，這也正是林彪在毛澤東的支持下「異軍突起」的時

候。林這個人城府甚深，從他死後發現的他拉的那麼多關於毛澤東的「條子」來看，他捧毛的那些話，自己幾乎沒有一句是真正相信的。後來在文革中，他成為副統帥和毛的接班人，這同「全國學習解放軍」以及與此相關的中國社會「解放軍化」的規劃和過程是緊密地連接在一道的。林彪固然是個人，但他本身也是一種時代的「現象」，在文革形成及發展的過程中，也還成了一種符號——他說：對毛澤東的指示，「理解的要執行，不理解的也要執行，在執行中加深理解」——這難道不正是一種關於「毛信仰」的現代圖騰嗎？

五

關於文革的發生，還有另一個大背景因素是不可以忘記的，那就是，那場幾乎與文革同時掀起的「援越抗美」運動。

我還清楚地記得，1965年我進中學後，上政治課和每週的「週會課」（這其實是每週一場的對照毛澤東思想「三省吾身」的儀式），不斷會提起的一個問題是：如果戰爭明天爆發，我該怎麼辦？我們這些13、14歲的少年，天天要排着隊，唱着《打靶歸來》之類的革命戰鬥歌曲來去寢室、教室、食堂。凌晨，常常在天還沒有亮的時分，就搞緊急集合和防空演習。「為革命而奮發學習」落實到每個人的具體行動，也是要我們那一代青少年在思想上和體格上都為「埋葬帝修反」的偉大事業做好準備。這一段親身經歷，同我後來成為歷史學者後，常常會從國內動員的視角來研究中國對外政策及中外關係的學術經歷，關係甚大。

實際上，人民共和國自成立以來，幾乎每一次有大的運動發生，都必定會伴隨着外部情勢的緊張乃至危機和戰爭，反之亦然。這樣的做法，在共和國成立初期，就在抗美援朝及其同

中國從新民主主義到社會主義的轉變之間的關係，以及1958年炮打金門同大躍進之間的關係中，就已經清楚地顯示出來。

毛澤東要發動文革這樣一場即使對他來說也屬於超常範疇的運動，又如何能夠在對外關係上沒有「大動作」呢？1964年8月，北部灣事件發生，越南戰爭開始迅速升級。1965年初，美國開始了在越南南方的大規模直接軍事捲入，同時還對越南北方實行持續的大肆轟炸。中國政府在一系列聲明中聲調越來越高，語氣越來越硬。1965年4月，中共中央發出了《關於備戰工作的指示》，並開啟了把全國多少個家庭及個人捲入其中的「大三線」建設以及相應的沿海工業向內地轉移的大遷徙。1966年6月，當文化大革命在全國範圍內爆發時，中國政府又說出了「不惜承擔最大的民族犧牲，也要支持越南人民將抗美救國戰爭進行到底」這樣的火藥味十足的話。正是因為有了這樣一個大背景，文革最後形成並展開的過程中，一連串將「革命化」和「軍事化」緊密聯繫在一起的口號和動員行為似乎也更顯得順理成章了。

但實際上，從我們現在可以看到的一系列檔案資料來看，當時毛澤東並不真的想在越南同美國打仗。說到底，要是中美兩國真的捲入又一場朝鮮戰爭式的直接軍事對抗的話，那麼，整個國家就要捲入戰時軌道，他還能夠搞什麼文化大革命？這種事情，毛澤東是不幹的。

於是，在「抗美援越」的口號叫得震天動地的同時，在具體對美國的行事上，北京又表現得極有分寸，絕不魯莽行動。1965年春天，中美之間出現了相互之間信息傳遞的特殊的一幕。周恩來1965年4月3日請巴基斯坦總統阿尤布·汗訪美時帶幾句話給約翰遜總統：「中國不會主動挑起對美國的戰爭；中國人說話是算數的，凡是中國答應了的國際義務，就一定要履

行；中國已經做了準備。」[7] 但是，美國決策者覺得阿尤布·汗對中國太友好，把原定的訪問取消了。中方又通過其他管道給美國帶話。但真正起到作用的是長期在北京坐冷板凳的英國代辦的傳話。1965年5月31日，外交部長陳毅元帥突然召見英國駐華臨時代辦霍普森（Donald Hopson），要求英國方面向白宮轉達四句話：「中國不會挑起對美國的戰爭；中國說話是算數的；中國已作好了準備；如果美國轟炸中國，那就意味着戰爭，戰爭就沒有界限了。」[8] 英國人極賣力，這個信息幾天內就傳到了，但這之後，霍普森又在北京開始坐冷板凳了。

　　所有這些，當然是經過毛澤東批准後才能實施的，反映出的是毛的國際戰略盤算。說到底，這也是毛澤東的「虎氣」與「猴氣」的結合在戰略和政策層面透露出來的又一個實例。後來看，這一「信息傳遞」是起了作用的。這之後，中國派出工兵、道路修建和高炮部隊進駐越南北方，從1965–1969年，前後一共去了32萬人，其中，1967–1968年達到了17萬。但中國沒有派戰鬥部隊進入越南直接參戰。美國方面也有默契，地面部隊從來沒有進入北越，空軍轟炸基本上沒有超過北緯20度線。中美兩國沒有在越南捲入另一場朝鮮戰爭式的衝突。與此同時，文革也在沒有大的外部戰爭和衝突的環境下，在國內如火如荼地發展推進。

7　周恩來總理同阿尤布·汗總統談話記錄，1965年4月2日，106-01267-02，第37–50頁，外交部檔案館。

8　陳毅副總理接見英國駐華代辦霍普森談話記錄，1965年5月31日，110-01254-03，第1–12頁；中國外交部關於陳毅副總理接見英國代辦霍普森談話情況的通報，1965年6月20日，110-01254-01，第1–7頁，中國外交部檔案館；Peking (Mr. Hopson) to FO, No. 721, Priority/Confidential, 31 May 1965, FO 371/180996, PRO.

六

　　從一開始，文革的準備就是一場嚴重的政治鬥爭，又同權力分配和再分配以及最上層的政治鬥爭有着密切的關係。文革發生和發展的具體進程，除了以上述及的各種線索之外，還有着一條現實政治層面的線索。在1965年底到1966年年中的那幾個月裏，中國的政治氛圍、尤其是上層政治氛圍中，充滿着戾氣。幾椿大事件彙集在一起，既構成了文革大爆發的前奏，也在實際上成為文革政治本身的有機組成部分。

　　文革的最初「引爆」，是從一件當時看來似乎並不那麼顯眼或帶有「殺氣」的事情開始的。1965年11月，上海《文匯報》發表了姚文元一篇題為〈評新編歷史劇《海瑞罷官》〉的文章。後來才知道，這篇文章的幕後指使者就是毛澤東本人；把他的意圖付諸實施的，則是在中共建政後長期「未露崢嶸」的毛夫人江青。這也成為江青從後臺走向前臺，最終成為文革中最為風光的人物的開端。

　　但這篇文章發表時，黨內上層並沒有誰對此給予太多注意。一開始，以彭真為首的北京市委還對《海瑞罷官》作者、時任北京市副市長的吳晗明確地採取「保」的態度，試圖將對《海瑞罷官》的批判引入學術討論的軌道。當時，甚至連「奉旨行事」操刀寫此文的姚文元，對毛澤東的意圖也並沒有洞悉根底。揣摩「聖意」之下，姚抓住了劇中「退田」的情節做文章，指責吳晗是「借古諷今」，用對海瑞支持退田的讚頌，來暗喻支持當下的「退田」行為。但這一做法有一致命的破綻：吳晗寫《海瑞罷官》在先，退田風發生在後。這樣，要說吳晗寫《海瑞罷官》是為「退田風」張目就出現了時間和邏輯上的顛倒，是講不通的。毛澤東得知這麼一個大破綻後，居然「一夜無眠」。[9]

9　《毛澤東傳 1949–1976》下，第1399頁；《彭真年譜》第4卷，北京：中央文獻

這之後，毛澤東又想出了「罷官」這個《海瑞罷官》的「要害」之所在。12月21日，他在杭州的一次談話中說：「姚文元的文章也很好，點了名，對戲劇界、歷史界、哲學界震動很大，但是沒有打中要害。要害是『罷官』。嘉靖皇帝罷了海瑞的官，五九年我們罷了彭德懷的官，彭德懷也是『海瑞』。」[10] 欲加之罪，何患無辭。這樣，毛澤東用霸王硬上弓的做法，硬是把《海瑞罷官》和黨內上層的政治鬥爭連接到了一起。

吳晗本來是「遵旨」寫海瑞的，不料，卻成了文革中最初被「試刀者」之一。直至此時，彭真還要為吳晗辯護（他這麼做，其實也是因為涉及到了自己的核心政治利益），後來還對毛澤東說，吳晗同彭德懷「沒有牽連」。[11] 其實，彭真也「犯迷糊」了。對毛澤東來說，哪裏需要什麼能證明彭德懷和吳晗兩人之間有關係的證據，才能提出「要害在於罷官」的指責？

七

姚文元批《海瑞罷官》引起的衝擊波還在慢慢擴大之際，12月上旬，中共上層又出了一件大事：長期以來一直受到毛澤東信任並掌控中共國防及安全機制的羅瑞卿，突然受到整肅。這是通向文革道路上的又一件大事。

這件事背後的策動者是林彪。自1959年出任國防部長以後，他和羅瑞卿之間的關係曾有過一段蜜月期，但隨着林彪因身體欠佳不能太多管事，尤其是在賀龍代理主管中央軍委的日

出版社2012年版，第448頁；又參見朱永嘉：《巳申春秋——我對文革初期兩段史實的回憶》，香港：大風出版社2014年版，第22–23頁。

10　《毛澤東年譜1949–1976》第5冊，第547–548頁。
11　《彭真年譜》第4卷，第468頁。

常工作後，林彪覺得自己被冷落了，同羅瑞卿的關係變得日益緊張，漸漸產生了要對羅開刀的想法。11月30日，林彪給毛澤東寫了一封信，說「有重要情況要向你彙報」，他要「先派葉群呈送材料，並向主席做初步口頭彙報。[12] 當天，葉群就帶着十份材料飛到了杭州，見到毛澤東後，她和毛在密室中談了五個小時。[13] 毛澤東見過葉群後，12月2日，在林彪送來的一份報告上批示：「那些不相信突出政治、對突出政治表示陽奉陰違，而自己另外散佈折衷主義(即機會主義)的人們，大家應當有所警惕。」[14] 這是毛澤東的一個大姿態，表明他已下決心要對羅瑞卿動手。

毛澤東之所以決心整羅瑞卿，應當同他發動文化大革命的全面佈局及考慮有密切關係。他要搞文化大革命，就必須得到在軍隊中勢力雄厚、影響極大的林彪的支持。同時，在毛的眼裏，他退居二線以及劉少奇在「一線」主政後，羅瑞卿同劉少奇、鄧小平等走得太近了。再加上，儘管從表面上看，羅瑞卿的權力極大，但實際上他已經處於一種木秀於林的態勢，除林彪外，他同另幾位老帥的關係也相當緊張，只是他並不自知已身處險境而已。[15]

12月8日，「整羅」的會議在上海開始舉行，整整開了一個星期。會議的過程可以分為兩部分，先是中央常委開會，由毛澤東給眾人打招呼並定「調子」，說「羅是野心家」，「思

12　林彪給毛澤東的信，1965年11月30日，全文見黃瑤、張明哲：《羅瑞卿傳》，北京：當代中國出版社1996年版，第538頁；《毛澤東傳 1949–1976》下，第1399頁；《毛澤東年譜 1949–1976》第5冊，第544頁。

13　張耀祠：《張耀祠回憶毛澤東》，北京：中央黨校出版社1996年版，第30–31頁。

14　《建國以來毛澤東文稿》第11冊，第486頁。

15　關於羅瑞卿同葉劍英、聶榮臻等另幾位老帥關係緊張，以及同賀龍關係密切，在《邱會作回憶錄》《李作鵬回憶錄》等中，均有記載。參見《邱會作回憶錄》，香港：新世紀出版社2011年版，第377–380頁；《李作鵬回憶錄》，香港：北星出版社2011年版，第537–538頁。

想同我們有距離」，還點明，會議同林彪有關，因為「羅把林彪同志實際上當敵人看待」。這之後，會議的規模擴大，除了政治局委員外，中央各部門負責人及解放軍高級將領等共61人參加。葉群打着由毛澤東「點將」的旗號，在會上作了總共長達10個小時的三次發言，通篇充滿了雞毛蒜皮和不知所云的瑣事，但她卻給羅瑞卿扣上了一頂大帽子：有野心，企圖從林彪手裏「奪權」。「羅的個人主義已發展到野心家的地步，除非林彪同志把國防部長的位置讓給他。他當了國防部長又會要求更高的地位，這是無底洞。」她還危言聳聽地説：「羅掌握了軍隊大權，又掌握了公安大權，一旦有事，損失太大。」[16]

但當時，毛澤東顯然還不準備徹底打倒羅瑞卿，因而説：「我也同羅瑞卿説過，要他到哪個省去搞個省長，他不幹。軍隊工作是不能做了。要調動一下，可以到地方上去做些工作，也不一定調到江西。」[17] 在此情況下，直到1966年1月底，周恩來還在一份準備以中共中央名義下發的批羅的文件上批示，建議「改由總政直接發下，作為內部文件，還可稍留餘地」。[18]

從另一角度看，毛澤東決定整羅瑞卿，除了進一步拉住林彪外，也是在為自己「立威」。1966年1月5日，他在同江西省黨政負責人楊尚奎等談到羅瑞卿時説：「這個人就是盛氣凌人，鋒芒畢露。」[19] 諸如此類的話，其實也是説給黨內其他領導人聽的。

羅瑞卿遭到整肅，並不是一件孤立的事。就在此事發生前不久，毛澤東還下了另一步「大棋」，將多年來一直擔任中央

16　卜偉華：《「砸爛舊世界」——文化大革命的動亂與浩劫》，香港：中文大學出版社2008年版，第28頁。

17　毛澤東同楊尚奎、方志純等談話記錄，1966年1月5日，轉引自《毛澤東傳1949–1976》下，第1400頁。

18　《彭真年譜》第4卷，第463頁。

19　《毛澤東年譜 1949–1976》第5冊，第551頁。

辦公室主任的楊尚昆調離了這一要害崗位。接任楊職位的，是長期以來一直在毛澤東身邊擔任「內衛」首領的汪東興。汪、楊兩人的一個最大區別是，楊尚昆是黨政官僚，從道理上說，還要對黨和國家負責；汪東興則幾乎就是毛澤東的近侍乃至「大內總管」，首先要對毛本人負責，其他責任則都是附帶的。這件事，關係到了黨和國家的組織結構及運行體制，劉少奇、周恩來、鄧小平等其他領導人從道理上講是應該說話的。但面對毛澤東作出的決定，他們都沒有說話。這恐怕說明，到這個時候，他們都覺得自己已經沒有在這樣的事情上說話的餘地和空間了。

　　上述，都是毛澤東在為將要採取的大動作的佈局。這就像高手下圍棋，看似無關的落子，其實在戰略層面都是遙相呼應的。只是，當時人們恐怕無論如何也想不到，幾個月後，不僅羅瑞卿、楊尚昆被聯繫到一起，就連當時仍為座上賓的彭真，也被牽連進來，再加上中宣部長陸定一，形成了「彭、羅、陸、楊反革命集團」。人們更想不到的是，就是這些非常動作，其實也只是即將開始的「文革盛宴」上的一道「前菜」而已。

八

　　進入1966年後，中國政治社會生活已是一片「山雨欲來風滿樓」的氣氛。毛澤東對文革的籌劃，也越來越進入緊鑼密鼓狀態。這一年2月，發生了兩件內在聯繫緊密的事情：《關於當前學術討論的彙報提綱》（即《二月提綱》）的制定；江青打着毛澤東指示的旗號，召開了部隊文藝工作座談會。

　　《二月提綱》的提出，其實是以彭真為代表，並得到劉、鄧等支持的黨內建制力量煞費苦心，試圖為一場正在掀起的運動建立一套「規矩」，從而將之導入他們所設想的軌道的努

力。《提綱》中一面提出，批判《海瑞罷官》是「意識形態領域內的一場大鬥爭」，也是「社會主義和資本主義兩條道路鬥爭的一個組成部分」；一面又主張，要堅持毛澤東關於「放」的方針，讓各種意見都放出來，堅持實事求是，「在真理面前人人平等」的原則，要「以理服人」。[20]

彭真他們未曾想到的是，毛澤東先是不動聲色地旁觀《二月提綱》的制定；而後，又以迅雷不及掩耳之勢，拿《二月提綱》開刀，展開了進一步對黨內最高層「動手術」的一系列大動作，將黨內「不聽招呼」的建制力量壓制了下去，再沒有給他們留下任何「反擊」的空間和餘地。2月8日，彭真、康生、陸定一等一起就《二月提綱》到武漢當面向毛澤東彙報。毛沒有當面反對或對《提綱》提出質疑，只是說，關於這場討論的結論，「兩個月後也做不了」。還說：「吳晗可以照樣當他的副市長，他就不緊張了，[21] 這給彭真等造成的印象是，毛澤東似乎已同意了《提綱》。2月12日，經鄧小平簽批後，《二月提綱》轉發全黨。[22]

但實際上，毛澤東又讓江青出面，召開了一個「部隊文藝工作座談會」，會後，經包括毛澤東本人在內的反覆修改後，搞了一個《紀要》。其中提出，自建國以來的十六年裏，「文化戰線上存在着尖銳的階級鬥爭……反黨反社會主義的黑線專了我們的政」。因此，有必要「堅決進行一場文化戰線上的社會主義大革命，徹底搞掉這條黑線」。[23] 這件事，林彪本來不

20　中共中央批轉《文化革命五人小組關於當前學術討論的彙報提綱》，1966年2月12日。

21　《毛澤東年譜 1949–1976》第5冊，第557頁；《彭真年譜》第4卷，第468–469頁。

22　楊勝群等：《鄧小平年譜 1904–1974》下，北京：中央文獻出版社2009年版，第1893頁；楊勝群主編：《鄧小平傳 1904–1974》，北京：中央文獻出版社2014年版，第1326頁。

23　《毛澤東年譜 1949–1976》第5冊，第554–55；562–63頁。

感興趣，也沒有參與。但毛澤東在修改《紀要》時，親筆在原標題「江青同志召開的部隊文藝工作座談會紀要」前，加上了「林彪同志委託」六個字。[24]這麼一來，不僅給這個文件徒增了更多的力道和「合法性」，也使得這件事林彪非做不可，沒有別的選擇。

這之後，毛澤東對林彪「投桃報李」，又很快決定，給12月「整羅」會議後一直掛在那裏的羅瑞卿問題升級定案。3月4日起，毛澤東指定由鄧小平、彭真和葉劍英主持中央軍委在北京開會，批判羅瑞卿並解決他的問題。羅瑞卿「實在忍受不了」，於3月18日試圖跳樓自殺，大難不死，摔斷了一條腿，但卻留下了終身殘疾。[25]毛澤東後來曾自嘲的毛、林「官僚軍事體制」，就此形成了。

九

上述一系列風波不斷擴大之時，毛澤東又搬出了「反修」這個題目大做文章。3月17日至20日，毛澤東在杭州主持召開政治局擴大會議，討論中共應否派代表團參加蘇共二十三大的問題。本來，這件事在會前已由劉少奇、鄧小平等人主持討論過了。他們經過幾度反復，又再三揣摩毛澤東到底是什麼意思之下，最後決定派代表團與會。[26]然而，毛澤東在杭州開會時，一張口就否定了中共派代表團參加二十三大的動議。他說：「我們不去，旗幟鮮明，不拖泥帶水，也不必發賀電，只

24　《毛澤東年譜 1949–1976》第5冊，第562頁；《建國以來毛澤東文稿》第12冊，第23–30頁。

25　黃瑤等：《羅瑞卿傳》，第566–572頁。

26　吳冷西：《十年論戰——中蘇關係回憶錄》，第935–936頁。

告訴他們説我們不參加就行了。」[27] 這麼一來，中共派遣代表團出席蘇共二十三大之議也就胎死腹中了。

對毛澤東來説，他必須抓住「反修」這個題目大做文章。只有牢牢抓住這個題目，以蘇聯「變修」為警示，那麼，在中國大張旗鼓地採取「防修」的舉動也就成為順理成章的事情了。更何況，自1958年以來，毛澤東還一直把這場「反修」鬥爭同反對蘇聯干涉及試圖控制中國的「大國沙文主義」行徑聯繫在一起，別人就更不好提出反對意見了。

但是，僅僅用不出席蘇共二十三大向「蘇修」叫板，毛澤東還覺得遠遠不夠，他還需要以不尋常的方式抓住一件什麼事情把火燒得更大，既進一步突出「反修」的題目，又給劉少奇、鄧小平他們扣帽子。當時，日本共產黨由總書記宮本顯治率領的高級代表團正在中國訪問，試圖建立一個「援越抗美國際聯合戰線」。毛澤東抓住了這件事，直接侵入了中共與日共關係這個本來由劉少奇、鄧小平經手的領域，不惜對日共採取背信棄義的非常手段，以一種「家醜外揚」的方式告訴人們，他無法無天，要幹大事了。

宮本顯治一行是從2月開始訪問中國、越南和朝鮮的。日共在「國際反修鬥爭」中一直站在中共一邊。但這一次宮本卻提出，支持越南抗美是頭等大事，不應當把反帝和反修完全對立起來。劉少奇、鄧小平等同宮本會談時則表示，反帝必須反修。直到宮本要離開北京去朝鮮和越南時，雙方仍在這一點上存在嚴重分歧。[28] 宮本訪問越南和朝鮮後又轉回北京時，雙方

27　《毛澤東年譜 1949–1976》第5冊，第567頁；吳冷西：《十年論戰》，第937–939頁；閻明復：《閻明復回憶錄》（二），北京：人民出版社2015年版，第885–887頁。

28　Masaru Kojima ed., *The Record of the Talks between the Japanese Communist Party and the Communist Party of China: How Mao Zedong Scrapped the Joint Communique* (Tokyo: Central Committee of Japanese Communist Party, 1980), pp. 137–160；亦參見《鄧小

繼續商談，宮本報告説，越、朝都贊成建立包括蘇聯在內的國際反美聯合戰線。劉、鄧終於和宮本達成妥協，根據中方建議，雙方將發表一個包括反修批修內容的公報，但不點蘇聯的名。[29]

劉少奇、鄧小平的做法，並非沒有先例。在國際共運大論戰中，為了爭取和團結大多數，中共一般不強求其他黨在「批修」時一定要點蘇修的名（對越南和朝鮮就是如此）。當時，日共在國際共運中屬於大黨，又長期堅持「反修」，是中共的堅定盟友。更何況，越、朝這兩個在國際反修鬥爭中一直傾向於中國的執政黨也表明了支持國際反美聯合戰線的立場，中共若繼續持反對態度，就會在國際共運中陷於孤立。想到這一切，劉、鄧自然有充分理由認為，應當考慮並採納宮本的一些意見。

沒有想到，毛澤東居然把這件事徹底翻了過來。他看到中、日共聯合公報草案稿後，馬上扣帽子説，公報不點蘇共的名，是「無頭告示」，怕鬼，旗幟不鮮明，不痛不癢。他親手動筆對稿子進行了修改，在三處「現代修正主義」前加上「以蘇聯領導集團為中心」的定語。[30] 之後，他又親自出面，連續兩天同宮本會談，告訴宮本，劉、鄧和日共代表團達成的協議不算數，要推倒。結果，中日兩黨間已經達成協議的聯合聲明被取消了。[31]

毛澤東的這一舉動非同小可。這不僅將他和劉少奇、鄧小平之間的矛盾公之於世，更造成了中共同一向在中蘇大論戰中

平年譜 1904–1974》（下），第1897頁；《彭真年譜》第4卷，第469–470頁。

29　Masaru Kojima ed., *The Record of the Talks between the Japanese Communist Party and the Communist Party of China*, pp.169–173.

30　毛澤東主席對《中國共產黨代表團和日本共產黨代表團聯合公報（草稿）》的修改，中辦機要室文件(66)11號（1966年3月28日）；參見《毛澤東年譜 1949–1976》第5冊，第570–571頁。

31　毛澤東主席接見日共代表團宮本顯治等第一次談話記錄，1966年3月28日；毛澤東主席接見日共代表團宮本顯治等第二次談話記錄，1966年3月29日；參見《毛澤東年譜 1949–1976》第5冊，第571–572頁。

文革政治史批判筆記

站在自己一邊的日共的關係出現了空前的危機，宮本一行在忿忿之中離開中國回國。此後，日共在再三要求毛澤東及中共方面解釋與道歉未果的情況下，正式與中共斷絕了關係。在國際共運中，中共失去了一個極為重要的盟友。[32]

對於黨內其他領導人來說，毛澤東如此出格的做法形同又一記當頭棒喝。毛固然經常不按牌理出牌，但在這樣一件關係到中共臉面和信用的國際大事上，他居然有如此出格的舉動，這只能說明，他採取特大行動的決心已定，並已到了倒計時的關頭。

十

毛澤東做出上面的大動作後，又有一系列大小動作的跟進。尤其是，他在已經拉住林彪的情況下，又親自出馬「拉住」周恩來。3月28、29日和30日，他在會見並打發了日共代表團的同時，連續同康生等談話，嚴厲指責「北京市委、中宣部包庇壞人」，矛頭直指彭真、陸定一等人，甚至危言聳聽地說：如果中央出了修正主義，地方要造反。[33] 3月31日，康生從上海回到北京後，立即向周恩來和彭真詳細傳達了毛澤東前幾天的三次談話。[34]

這之後，周恩來沒有立即行動，而是等了整整兩天。4月2日晚，他給毛寫了一封信，表示：

32　參見Masaru Kojima ed., *The Record of the Talks between the Japanese Communist Party and the Communist Party of China*, pp. 1–4.

33　《毛澤東年譜 1949–1976》第5冊，第572–573頁。

34　《周恩來傳 1949–1976》，第879頁。

三十一日康生回京，傳達主席指示。與彭真、康生商定，擬開書記處會議，遵照主席指示，提出高舉無產階級文化革命大旗，徹底批判文史哲方面的反動學術思想，徹底揭露這些學術權威的反黨反社會主義的資產階級立場，嚴格看待這是奪取文化戰線上領導權的問題，以利興無滅資，組織自己隊伍，打倒反動學術權威的鬥爭。並擬按此方針，起草一個中央通知，送主席審閱。同時，指出前送主席審閱的《五人小組報告》(即《二月提綱》)是錯誤的，擬由書記處召開五人小組擴大會議，邀集上海、北京有關同志加以討論，或者進行重大修改，或者推翻重寫。[35]

周恩來的這封信，實際上是一種關鍵性的表態：他將在下一輪的黨內鬥爭和整肅中站到毛澤東一邊。而這正是毛澤東希望看到的。我們無法探究或知悉，他在這兩天裏經歷了怎樣的心路歷程。但可以想見的是，這一定是他經歷了極為痛苦並充滿掙扎的四十八小時。到最後，他做出的是站在完全支持毛、按照毛定下的「路數」行事的決定。周恩來被毛澤東「拉了出來」之後，劉少奇、鄧小平等就進一步被孤立了。

回過頭去看，對中共領導層來說，1966年春天的這段時間是一個巨大考驗的時刻。從道理上來說，這也許是劉少奇、周恩來、鄧小平等人及黨內建制力量似乎可以「合力」阻止毛澤東走向文革的最後一個「機會窗口」時間 —— 這是一個一旦錯過，便再也回不到原點或再重新開始的時刻。但是，劉、周、鄧等人，在面對毛澤東越來越肆無忌憚的行動時，卻顯得如此軟弱無力，如此優柔寡斷，也如此缺乏想像力，完全抵擋不住毛澤東似乎以一人之力而發起的全然不講道理的「攻勢」。這是為什麼？

35　《毛澤東年譜 1949–1976》第5冊，第373頁。

　　　　　　　　　　　　　　　文革政治史批判筆記

這裏，除了人們很容易看到並想到的毛澤東的權力和權威，以及1943年通過的毛澤東在黨內高層決策中有「最後決定權」的決議的作用外，問題的癥結恐怕在於，劉少奇、周恩來、鄧小平以及黨內任何其他領導人，在革命合法性的理論敍述上，卻拿不出可以用來同毛澤東的那一套對抗的替代性敍述。從「反修」到「防修」，毛澤東在中國走向文革之路上搞出了一整套以「階級鬥爭」為中心的「繼續革命」理論，並將這套東西同反對蘇聯「大國沙文主義」這個敏感話題聯繫起來。或者説，毛澤東用來支撐「反修」、「防修」這一套邏輯的，還有着中國革命民族主義的理念和信念。這是一種強烈的宣示，也是一頂別人難以摘下的緊箍咒。他用來打動全黨並最終得以壓制乃至統制他的同志們的，幾乎永遠是同一種武器：在烏托邦理想包裹下的巨大權力，以及以巨大權力為後盾而強力推出、並使之成為整個社會主流意識形態及其表述基礎的烏托邦想像。這兩者相輔相成，缺一不可，由此，形成了他的無上的權威。在現實政治的演進中，這種權威是不可挑戰、亦不容挑戰的。這是一種現代神話，一種不僅在現實政治層面，也滲入到人們觀念世界的「內在的權威」。如果沒有人能夠對這種烏托邦理想的表述提出強有力的非議，那麼，也就沒有人能夠顛覆毛澤東的權威和權力。劉少奇、周恩來、鄧小平以及黨內領導層中的無論哪一個，因此也都跳不出自延安整風以來便形成並不斷加強的以毛為中心的中共黨文化嚴嚴實實的藩籬。

十一

在羅瑞卿、陸定一、楊尚昆等相繼倒臺後，彭真又成了下一個遭到整肅的目標。在中共領導層內，彭真雖然不是常委，但長期以來曾被認為很受毛澤東的信任，在黨內權力甚大，一

度甚至達到了頂「半個總書記」的地步。但自他在1962年七千人大會上發表了毛澤東也可以批評的言論後，毛對他的戒心乃至敵意日益加劇。整肅彭真，是他進一步「清君側」的舉動。

4月9日起，中央書記處在鄧小平主持下，連續三天開會，彭真也出席了。會上，討論並批准了中央軍委會議對羅瑞卿一案的定性和處理。4月12日，彭真還和周恩來、鄧小平一道寫信給毛澤東，報告「批判羅瑞卿」的結果，給他加上了「敵視和反對毛澤東思想，誹謗和攻擊毛澤東同志」，「逼迫林彪同志讓賢」，「反對突出政治」，「搞獨立王國」等一大堆帽子。然而，彭真雖然在信上簽名，但在毛澤東那裏，他其實已經是羅瑞卿的「同夥」了。就在4月9日至12日召開的這次書記處會上，康生傳達了毛澤東對五人小組及《二月提綱》的嚴厲批評，並當面抨擊彭真。[36]

這樣，彭真一面參與給羅瑞卿定案，一面自己也成了批判的靶子。4月中旬到下旬，彭真到杭州參加毛澤東召集的常委擴大會議。會上氣氛極為緊張，彭真進一步受到嚴厲的批判。毛澤東在會上的總結發言更是充滿火藥味。他說，吳晗的問題之所以嚴重，是因為「朝中有人」，中央有，各區、省市都有。「出修正主義不只文化界出，黨政軍也要出，特別是黨軍出了修正主義就大了」。[37]4月28日和29日兩天，毛澤東又接連對彭真及北京市委提出了極為嚴厲的指控：彭真要按他的世界觀來改造黨，事物走向反面，他已為自己準備了垮臺的條件。階級鬥爭是不以人的意志為轉移的。「階級鬥爭，不鬥不倒」。[38]

36　《彭真年譜》第4卷，第480頁；《毛澤東年譜 1949–1976》第5冊，第573–574頁。

37　《毛澤東傳 1949–1976》，第1407–1408頁；《毛澤東年譜 1949–1976》第5冊，第580頁。

38　薄一波：《若干重大決策與事件的回顧》下卷，第1242–1243頁。

不僅如此，會上還將彭真、羅瑞卿、陸定一、楊尚昆聯繫在一起，端出了一個「彭羅陸楊集團」。

　　本來，彭、羅、陸、楊這四個中共高層大員，並沒有超出工作關係的太多的相互交集，更沒有任何「結黨」的證據。但仍被「指鹿為馬」，強行湊在一起，變成了反黨集團，這是一種極為「任性」的行為。這樣做，除「思想上臭味相投」的臆想和臆斷外，再無其他可以坐實的材料支持或支撐。但實際上，這幾位如此強行被「拉郎配」成為「集團」的中共大員，歷史上早已幾度捲入將相互之間並不相干的同志或其他人打成「反黨集團」的舉動。回想起來，當年高崗和饒漱石受到整肅時，兩個政治上並無太多緊密交集的人物，居然成了「集團」；反右中，章伯鈞和羅隆基這兩個向來在政治上相互「抬損」的人物，居然成了「集團」；廬山會議上，彭德懷、張聞天、黃克誠、周小川居然也成了「集團」。這樣做，根本沒有任何可以坐實的證據的支持，但還是做了。先例早已有過了。從高、饒反黨集團到彭、張、黃、周反黨集團，定案時哪裏講什麼道理，還不是說定案就定了，容不得申辯，更容不得反駁的。而彭、羅、陸、楊這幾位，當年在這些事情上，或者直接參與、甚至還扮演過大將或先鋒的角色，或者至少是投了贊成票的。只是現在，「反黨集團」的帽子和「斬首」的利劍落到了他們自己頭上。為別人打開的通往地獄之門，也成了他們自己被送入地獄的通道。

十二

　　一直到1966年春末，關於文革的提法，還是社會主義文化大革命。但到了5月，提法改變了，成為「無產階級文化大革命」。這樣一種名號的變化，意義甚大，不僅更符合這場「革

命」所涉及的內容上的廣泛性和邊際上的模糊性，也更能夠反映出毛澤東發動文化大革命的意圖和想像。這裏的「文化」，是一種同時涵蓋政治及道德層面的表述，它既是泛化的意識形態的別名，也是對毛澤東為文革設定的「人心」及「人性」改造最終目標的指稱，表明了他將「人心」和「人性」改造的巨大工程付諸實踐的決心。它不僅為「文革」帶來了定性上的巨大隨意性，並給了毛澤東在他已掌握的無限權力的支持下，在政治上「便宜行事」的廣闊空間。

進入5月後，同文革稱謂上的改變相呼應，《五七指示》和《五一六通知》這兩個文革的綱領性文件先後出臺。

所謂《五七指示》，是毛澤東在看到林彪送上的總後勤部《關於進一步搞好部隊農副業生產的報告》，在給林彪的一封信中的批示。大躍進失敗後，食品供應極端緊張的狀況也殃及部隊。1960年冬天，在由賀龍主持的一次軍委常委會上，後勤部長邱會作提出了軍隊自己動手從事糧食生產的提議，幾經周折後，得到了林彪的支持，軍隊開始從事糧食和副食生產，並很快緩解了部隊吃不飽的問題。此後，軍隊從事農副業生產也成為一項長期方針。到1966年，邱會作又搞了《關於進一步搞好部隊副業生產的報告》。毛澤東看到這個報告後，浮想聯翩，在給林彪的批示中，從軍隊從事農副業生產這一具體行動引申開去，提出了一系列「大想法」：全國各行各業都要辦成「一個大學校」，不僅要「學政治、學軍事、學文化，又能從事農副業生產，又能辦一些中小工廠，生產自己需要的若干產品和國家等價交換的產品」。「這個大學校，又能從事群眾工作，參加工廠、農村的社會主義教育運動……又要隨時參加批判資產階級的文化革命鬥爭」。[39]

毛澤東在批示中所提出的，是他關於黨和國家尤其是「上

39　《建國以來毛澤東文稿》第12冊，第53–54頁。

　　　　　　　　　　　　　文革政治史批判筆記

層建築」的「理想形態」的憧憬。這裏，既充滿着烏托邦式的想像，又包含着一系列關於黨和國家機制以及「上層建築」改造的規劃，其中透露出來的，是他在即將推出「大破」行動之時，試圖從一開始就開啟「大立」進程的意圖。後來，《五七指示》在文革進入「鬥批改」中的「改」的階段時，為在全國各地建立形形色色的「五七幹校」提供了藍圖。但它們大多成為文革大亂後的「安置機制」，離毛澤東發出《五七指示》時關於理想社會探索的設想相距甚遠。那是又一段後話了。

5月15日，中共中央轉發了毛澤東給林彪的信和總後勤部的報告，說「毛澤東同志給林彪同志的信，是一個極為重要的具有歷史意義的文獻。這是馬克思列寧主義劃時代的新發展」。[40] 但從當時黨內政治鬥爭的角度看，這是毛澤東整個佈局中的另一個重要步驟。林彪在中國政治生活中迅速崛起，本來就是是同「全國學習解放軍」緊密聯繫在一起的。毛澤東這麼做，既起到了進一步拉攏林彪及把軍隊控制在手中的目的，又在主流政治話語構建的層面，進一步加強了自己發動文革的「合法性」深度。

十三

從5月9日起，由劉少奇主持，中央政治局召開擴大會議。毛澤東本人沒有出席會議。但會議的進程，卻盡在他的掌控之中。

5月中旬，《中國共產黨中央委員會通知》，亦即《五一六通知》出臺。從各方面來看，這是無產階級文化大革命的一個綱領性文件。從現實政治層面來看，它以「破」為綱，比《五七指示》更為重要。這是因為，無產階級文化大革命就是

40　《建國以來毛澤東文稿》第12冊，第56頁。

要從「破」開始的。後來，一「破」再「破」，以「破」治「破」，「破」字當頭，「立」字卻一直是空中樓閣，在「大破」之後，卻始終無法轉入毛澤東所想像和期待的「大立」的進程。到頭來，文革在毛澤東在世時再也收不了場，最後燈枯油盡，只能以徹底失敗而告終。

對《五一六通知》，毛澤東極為重視，親自做了大段修改和增補。其中，最值得注意的是這麼兩段話：

> 必須同時批判混進黨裏、政府裏、軍隊裏和文化領域的各界裏的資產階級代表人物，清洗這些人，有些則要調動他們的職務。尤其不能信用這些人去做領導文化革命的工作，而過去和現在確有很多人是在做這種工作，這是異常危險的。

> 混進黨裏、政府裏、軍隊裏和各種文化界的資產階級代表人物，是一批反革命的修正主義分子，一旦時機成熟，他們就會要奪取政權，由無產階級專政變為資產階級專政。這些人物，有些已被我們識破了，有些則還沒有被識破，有些正在受到我們信用，被培養為我們的接班人，例如赫魯曉夫那樣的人物，他們現正睡在我們的身旁，各級黨委必須充分注意這一點。[41]

隨着《五一六通知》這個文件的出臺，毛澤東為文革中的「破」定下了想像中的規劃。他的大動作，馬上就要跟進了。在政治局擴大會議上，林彪和周恩來成為兩個主角。兩人的發言最不同尋常，也最具有震撼性的影響力。

林彪的講話，通篇大講防止反革命政變經，言語間充滿着戾氣乃至殺氣。他還用極為誇張的語言說：毛澤東的話「句句

41 中國共產黨中央委員會通知，1966年5月16日，國防大學黨史黨建教研室：《「文化大革命」研究資料》，北京：國防大學1988年印製，第1冊，第1–4頁。

是真理，一句頂一萬句」，「是我們行動的準則，誰反對他，全黨共誅之，全國共討之」。[42]

5月21日，周恩來在中共中央政治局會議上發言。為此，他做了精心準備。他先是表示，「完全同意」林彪的意見，也對「防止反革命政變」進行了一番討論。隨後，他話鋒一轉，將重點轉向了「保持晚節」的重要性，發出了緊跟毛澤東的保證。在講話結尾時，他說：

> 要跟着毛主席。毛主席今天是領袖，百年以後也是領袖。晚節不忠，一筆勾銷。否則的話，即使蓋棺不能定論，火化了也不能定論。[43]

在中共高層領導人中，周恩來的這些話還從來沒有人說過。以他的身份說出這樣有份量的話，在黨的領導層中所產生的影響，何止是振聾發聵！這是周恩來對毛澤東的又一次關鍵性表態。他的話，有着黨內實際政治力量對比和象徵性上的兩重意義，他的發言，把對毛澤東的支持在這兩方面都發揮到了淋漓盡致的地步。

對已經是箭在弦上的毛澤東來說，林彪和周恩來的表態極為重要 —— 而從毛的角度來看，周恩來的表態也許更為關鍵。自毛澤東回到「一線」後，便在與劉少奇逐步分道揚鑣的同時也開始對周恩來下功夫，並給予了周恩來自「反冒進」中受到嚴厲批判以來便不曾有過的尊重。說到底，中國的行政權力及政府的日常運作實際上掌控在周恩來的手中。毛澤東深知，

42　林彪在政治局擴大會議上的講話，1966年5月18日，《「文化大革命」資料彙編》第1冊，第16–23頁。

43　周恩來在政治局擴大會議上的講話，1966年5月21日，載宋永毅等主編：《中國文化大革命文庫》（香港：中文大學中國研究服務中心）。

不管是要為發動文化大革命以及與劉少奇等攤牌爭取更多的支持，還是要使得中國國家機器在出現政治大動盪的情況下仍能保持運作，他都是離不開周恩來的。

　　但這並不等於說，周恩來、林彪，更不必說劉少奇、鄧小平等，曾有過「挾制」毛澤東的可能。歸根結底，他們中任何人若要使用自己手中的那點權力向毛提出挑戰，不僅要有一種不惜「殺身成仁」的非凡決心和勇氣，更需要相應的合法性宣示的支撐，而這恰恰是幾乎完全掌控在毛澤東的手裏、甚至已經同毛及其「思想」合為一體。在這個無產階級文化大革命的大潮洶湧襲來的時候，他們幾乎都身不由己地做出了「順勢而行」的選擇，而這正是毛澤東所希望看到、也預料到他將會看到的。

第三章

天下大亂

一

1966年6月1日晚間，根據毛澤東的指令，中央人民廣播電台向全國廣播了北京大學聶元梓等七人向北大領導開炮的大字報。在共和國歷史上，像這樣的事件還從無先例。尤其是，毛澤東後來居然還給這麼一篇文字加上「全國第一張馬列主義大字報」的桂冠，更是極不尋常的。

聶元梓等人大字報所涉及的，是北大哲學系原先便存在、在社教運動中又擴大膨脹的一系列「地方性」問題(儘管有全國性的大背景)。[1] 毛澤東以這樣的方式，給某一個單位的「內爭」戴上如此之大的帽子，以中央統一控制的輿論機器強力推向全國的行為，是史無前例之舉。這是文革作為將席捲全國的宏大群眾運動的開端。

在我看來，此後，文革的發展大致可以分為以下五個階段。

第一階段，是從1966年6月初到7月底、8月初，這是後來被毛澤東稱為「劉、鄧資產階級反動路線肆虐橫行」的時期。

第二階段，從1966年8月初到年底，毛澤東提出批判資產階

1　參見聶元梓：《聶元梓回憶錄》，香港：時代國際出版有限公司2005年版，第6、8章。

級反動路線，並對中共領導層大改組，林彪成為「副統帥」，中央文革小組也進入了中央核心決策圈。但毛卻發現，非通過一場「全國全面內戰」，他無法打破文革前行的最大障礙——產生於黨和國家現存官僚建制力量的巨大阻力。

第三階段，從1967年初「一月革命」發生到1968年底八屆十二中全會召開以及「全國山河一片紅」的實現。這一段，現存黨政建制統統被「砸爛」，造反橫行，天下大亂，卻根本達不到「天下大治」的目的。最後，毛澤東選擇了與「革命群眾運動」徹底地分道揚鑣。

第四階段，從1969年「九大」召開到1971年9月林彪事件發生。這個時期，各種大小「政治戰役」依然不斷，但對象早已從「走資派」變成各種背景的普通民眾。中共最高層「文革派」和「軍人派」之間的「權鬥」和「政爭」混雜在一起，終於走到了林彪這個文革大紅人倉皇出逃，卻落個死無葬身之地下場的結局。

第五階段，從林彪事件後到毛澤東逝世及其後「四人幫」覆滅。這幾年裏，文革只剩下了「名頭」，再不能激起普通民眾的激情投入。相反，各種「異端」思想卻如野火春風般蔓延開來。毛澤東不斷地想要為文革「收場」，卻始終收不了場。其間，一會兒批林批孔，一會兒「批周公」，最後又推出「批鄧」、「反擊右傾翻案風」，終於導致了1976年「四五」運動的發生。到頭來，一直到毛澤東逝世後，文革才以「四人幫」為代表的文革派被掃除為標誌，而拉上帷幕。

二

文革最初五十天，北京的政治氣氛充滿詭異。從6月初到7月下旬，毛澤東一直待在外地。劉少奇和鄧小平坐鎮京城，

掌控運動的發展。從一開始，劉、鄧兩人就對此種情形感到很不舒服，一再要求毛澤東返京。然而，毛卻總是王顧左右而言他，就是不回北京。

後來看，這是毛澤東一種極為老到的做法：他在等待並聽任劉、鄧「犯錯誤」。毛澤東也有他的觸角，其中一人，就是康生。這個人，可謂中共黨文化中的異人異類。他是生前享盡哀榮，身後卻在政治上被「開棺鞭屍」的唯一的中共最高層領導人。很多年前，我訪談曾長期擔任毛澤東、周恩來等中共領導人俄文翻譯的師哲時，他最恨、簡直恨得咬牙切齒之人，就是後來成為中央文革顧問的康生。師哲和康生兩人都同共產國際有深厚淵源，又都同中共情治系統有着盤根錯節的聯繫。我曾問師哲，為什麼那麼恨康生？他說：這個人為人極為陰險，心狠手辣，翻臉不認人。文革後，康生遭到反攻倒算，這固然同他本人積怨甚廣甚深是分不開的。但若是再追問下去，康生如何可以走到這一步？這還不是因為他背後有毛澤東的支持。所以，很大程度上，人們其實是將對於毛澤東的積怨和憤怒，凡說不出來或不便說出來的，統統都傾倒到康生頭上去了。

這樣，北京的政治局面呈現出一種奇怪現象。表面上看，文革正在轟轟烈烈地展開，但劉少奇、鄧小平作為在北京掌控局面的中央領導人，卻是一派小心翼翼的心態，完全不知道應當如何處理同運動性質、方向、政策、方針等有關的問題。說到底，他們也搞不清楚，文化大革命究竟是怎麼回事。這期間，北大發生了「六一八事件」，持不同意見的群眾同工作組發生嚴重紛爭。[2] 劉、鄧更覺得，應當向北京大中學校派出工作組，掌控運動的發展。他們每做決定，都向毛澤東彙報。但

2　關於北大「六一八事件」，參見王年一：《大動亂的年代》，鄭州：河南人民出版社1989年版，第39–40頁；又參見中央轉發北京大學文化革命簡報（第9號），1966年6月20日，《「文化大革命」研究資料》第1冊，第51–52頁。

毛的反應卻仍然是奇奇怪怪的，要麼根本不發話，要麼講的話令人不得要領。劉、鄧更加不知道如何是好了，只能「摸着石頭過河」，走一步，看一步。

三

到7月中旬，毛澤東開始有了動作。7月16日，他跑到長江裏去游泳了。那一天，武漢正為紀念他十年前游長江舉辦橫渡長江的游泳活動，兩岸聚集了大量人群，見證了毛澤東在江水中「勝似閒庭信步」的場景。這件事被大肆宣傳，又配上了他的一番話：「大風大浪也不可怕，人類社會就是從大風大浪中發展起來的。」[3] 毛澤東的這一舉動，在我們那一代青少年中，掀起的何止是驚天大浪。他已經七十三歲了，居然還能到長江裏游泳，那麼，他還有什麼事不能幹？

7月18日，毛澤東回到北京。劉少奇得知後立即趕去，想向毛彙報，卻被告知，「主席需要休息」，吃了閉門羹。但門口卻「停着好幾輛汽車」，實際上，毛澤東正在同陳伯達、康生等一干文革幹將談話。[4] 第二天，劉少奇根據毛澤東的意見主持召開中央政治局常委擴大會議。會上，已同毛通過氣的陳伯達提出，撤銷工作組，劉少奇、鄧小平等多數人表示反對。[5] 當晚，毛澤東主持召開中央政治局擴大會議，但他只聽不說，沒有就工作組問題表態。[6] 這是否是毛澤東繼續「放蛇出洞」一貫手法的重演？

---

3 《人民日報》，1966年7月26日，第1版。
4 黃錚：《風雨無悔——對話王光美》，北京：人民文學出版社2015年，第411頁；《戚本禹回憶錄》，香港：中國文革歷史出版社2016年版，第444頁。
5 《毛澤東年譜 1949–1976》第5冊，第600頁；《戚本禹回憶錄》，第445頁。
6 《毛澤東年譜》第5冊，第600頁。

7月22日，在劉少奇主持下，政治局常委擴大會議繼續舉行。也許是誤讀了毛澤東回京後沒有就工作組問題做負面表態的意味，鄧小平對撤銷工作組表示堅決反對，說「統統撤出來，黨委垮了，工作組沒有了，黨的領導在哪裏？」劉、鄧兩人還異口同聲地說：多數工作組是好的。在此情況下，撤回工作組之議被擱置。[7] 毛澤東沒有參加這次會議，但這件事他馬上就知道了。

　　毛澤東覺得，出手的時機到了。7月23日，他聽取北京文化大革命情況彙報時說，他考慮了一星期，「認為派工作組是錯誤的。現在工作組起了什麼作用？起了阻礙作用。」[8] 以後幾天，毛澤東又連續發表抨擊派遣工作組決定的言論，劉少奇、鄧小平沒有提出任何反對意見。7月26日，中央中央政治局決定，撤銷工作組。[9] 毛澤東在派遣工作組問題上的態度，是同中共歷史上處理相關問題傳統做法的一種斷裂，也是他決心將文革引向一條從未走過的新路的又一預兆。

　　7月29日，北京市委召開大專院校和中學文革積極分子大會。劉少奇、周恩來、鄧小平等都在會上講了話，都說，文革對他們來說，是「老革命遇到了新問題」。[10] 會上，演出了極富戲劇性的一幕。這一天，毛澤東也到場了，一直坐在幕後聽。待劉、周、鄧講話後，參加會議的人們開始齊聲呼喊：我們要見毛主席。這時，毛澤東「像變魔術一樣，從幕後走到台前」，向學生們招手，但卻一句話未說，只是從台的一端走到

7　李雪峰：《回憶「文化大革命」初期的「五十天路線錯誤」》，《中共黨史研究》，1998年第4期，第5頁；金冲及主編：《劉少奇傳》，北京：中央文獻出版社1998年版，第1027–1028頁。

8　《毛澤東年譜 1949–1976》第5冊，第601頁。

9　《毛澤東年譜 1949–1976》第5冊，第603頁。

10　《周恩來年譜 1949–1976》下卷，第44頁；劉崇文、陳稍疇主編：《劉少奇年譜》下卷，北京：中央文獻出版社1998年版，第646–647頁。

另一端，全場歡聲雷動。[11] 會後，這一幕場景，很快就傳遍了北京各大中學校，會議的錄音更是發到全國播放，在年青人的心目中點起來一把大火。但在毛澤東看來，這把火還不夠大。8月1日，他給清華附中紅衛兵寫信，表示「我向你們表示熱烈的支持」。[12] 這是又一項非同小可、亦非同尋常的舉動。它所產生的轟動性效應，尤其是在年青人中(並不僅僅是當時仍以「紅後代」為主體的紅衛兵中)所產生的轟動性效應，是不論如何估計都不為過的。

其實，這正是毛澤東希望看到的。他是身體力行，在為文革造勢。若沒有這種效應，文革就不成其為文革了。

四

8月1日起，八屆十一中全會在北京舉行。當天，劉少奇作為前一段中央工作主持者在會上做工作報告。他講到工作組問題時，毛澤東幾次打斷他，說「百分之九十以上的工作組是完全錯誤的……一不能鬥，二不能批，三不能改，起了一個鎮壓群眾，阻礙群眾的作用。」[13]

8月4日，毛澤東召集政治局常委開會。他在會上當面對劉少奇開火，說了一大段話：中央違反了自己的命令。……什麼群眾路線，什麼相信群眾，什麼馬列主義，都是是假的。劉少奇說；我在北京，要負主要責任。毛澤東說：你在北京專政麼，專得好！毛還厲聲說：牛鬼蛇神，在座的就有！[14]

當天，毛澤東決定採取了一個大行動，寫了一篇叫做《炮

11　李志綏：《毛澤東私人醫生回憶錄》，臺北：時報文化1994年版，第455頁。

12　《建國以來毛澤東文稿》第12冊，第87–88頁。

13　《劉少奇傳》，第1032–1033頁；《毛澤東年譜 1949–1976》第5冊，第604–605頁。

14　《毛澤東年譜 1949–1976》第5冊，第606頁；《劉少奇傳》，第1035–1036頁。

　　　　　　　　　　　　　　　　文革政治史批判筆記

打司令部》的文字，並稱之為「我的一張大字報」，挑明了他和劉少奇之間的分歧和衝突。8月6日，在大連休養的林彪連夜趕到北京，參加全會。8月7日，毛澤東的《炮打司令部》大字報在全會上印發。頃刻之間，全會的風向徹底變了。劉少奇被端了出來，成為眾矢之的。

全會原定開五天，後來延長到十二天。會上，通過了《中共中央關於無產階級文化大革命的決定》（即《十六條》）。後幾天，全會對中共領導層進行了大調整、大換班。8月12日，新的中央領導班子出來了。毛澤東任主席，林彪任副主席，毛澤東、林彪、周恩來、陶鑄、陳伯達、鄧小平、康生、劉少奇、朱德、李富春、陳雲等十一人為政治局常委。會後，黨和國家的決策及執行機制發生了大變化。林彪是唯一的中央副主席，並成為毛澤東的接班人。中央書記處改組，鄧小平「淡出」後，由陶鑄擔任常務書記，又加入了幾個新的成員。但這之後，書記處不再單獨開會，而是由周恩來擔任召集人，讓江青、陳伯達、康生等中央文革成員參加進來，以中央碰頭會的形式負責中央日常工作的運轉。林彪方面，則由葉群代表林彪參加中央碰頭會。這是一個黨政軍空前合一的機構，但真正掌控所有權力的，還是高高在上的毛澤東。

五

隨着八屆十一中全會的召開，文革也進入了新的階段。在全會後的兩、三個月裏，運動發展顯現出兩個特點。第一，從總體上看，運動仍然處於黨和國家現存機制的控制之下，中央各部委及各省市的第一把手幾乎都沒有受到衝擊。第二，造反行動的重點，還不是「走資本主義道路的當權派」。即使有「當權派」受衝擊，所涉及者多是本單位、地區、部門以一把

手為代表的政治權勢力量拋出來的。某種意義上，這很像一場更大規模的「反右」運動的重演。它標榜要「打倒一切牛鬼蛇神」，但實際上，卻是歷史上從未有過的「牛鬼蛇神」高產時期。這是一個「時勢造惡」的時代，它以革命的名義，把人們從「人」變成「鬼」。

到秋天，文革已造成各級黨和政府組織難以行使權力，各地（主要是城市）局面混亂，但總的來說，黨和政府的現存機制尚未完全失控，「天下」尚未徹底「大亂」。從一切跡象看，毛澤東進一步將文革引向「天下大亂」的決斷，形成於1966年10月中央工作會議召開到年底這段時間。在我看來，10月的這次中央工作會議，以及毛澤東對於會議意涵的解讀，是一個關鍵性的轉捩點。

10月2日，《人民日報》提前發表了《紅旗》雜誌當年十三期的一篇社論，提出「對資產階級反動路線，必須徹底批判」，還說「不能採取折衷主義」。這裏，「資反路線」是新的提法，透露出了毛澤東要進一步把文革搞大的意向。

這之後，毛澤東提出要召集各地負責人開一次中央工作會議，要開七天，集中討論批判「資反路線」的問題。[15] 結果，從10月9日至28日，這次會議開了近二十天。參加會議的，除中央主要領導人外，主要是中央各部門及各地的負責人。劉少奇和鄧小平分別在會上發言，做檢查和自我批判，承認自己犯了執行資產階級反動路線的嚴重錯誤。[16] 但是，中共各部門負責人和各路諸侯在會上的表態卻並不熱烈，還不時透露出種種「抵觸」的情緒。這一切，毛澤東都看到了。他在會上講話時說：這個文化革命只不到半年。大家不那麼通，有抵觸，這是

15　《毛澤東年譜 1949–1976》第6冊，第2–3頁。

16　劉少奇在中央工作會議上的檢討，1966年10月23日；鄧小平在中央工作會議上的檢討，1966年10月23日，宋永毅主編：《中國文化大革命文庫》。

　　　　　　　　　　　　文革政治史批判筆記

可以理解的。他甚至還說，劉、鄧犯錯誤也有原因，同過去分了一、二線有關，不能完全怪他們。但同時，毛澤東又引用林彪的發言，說「革命的群眾運動，它天然是合理的」。[17]

10月中央工作會議開過後，若僅從當時的現象來看，毛澤東在文革中似乎已經大獲全勝。劉、鄧的「反動路線」遭到了嚴厲批判，他們本人也作了檢查及自我批判。八屆十一中全會後，中央領導層就已按照毛澤東的意願做了重大改組。十月工作會議後，劉少奇、鄧小平更無法工作，徹底「靠邊站」了。毛澤東的權威和權力達到了史無前例的高度——其中涵義，絕不是以他「重回一線」這麼一句話就能夠概括的。

但實際上，毛澤東卻要回答一個極為重要的問題：如何看待及界定「將文化大革命進行到底」的「底」。難道文革就此可以鳴金收兵了嗎？毛澤東既不甘心，也不放心。關鍵在於，他感覺到，在黨和國家現存建制無形力量的巨大羈絆之下，他通過發動文革真正想達到的全黨全民「思想革命化」的目的，還遠遠沒有達到。他固然擁有幾近無限的政治權力，並處於一種指導並領導運動的至高無上的地位，但他似乎又被歷史的巨大慣性在「推着走」。

10月工作會議上及會後，毛澤東從各方諸侯及大員的態度中所看到的，是一種口服心不服、甚至不加掩飾的「陽奉陰違」的情緒。他可以越來越明晰地感到的是，在自己關於文化大革命的設想和文革的實際進程之間所橫互着的，恰恰是本來應當成為革命基本的領導及推動者的龐大的黨和國家的建制力量。他倒不一定會害怕這種態度會給已「靠邊」的劉少奇留下在自己在世時便捲土重來的餘地——毛澤東對於自己在現實政治鬥爭中掌控局面的能力，有着極為充分的自信。他所面臨的

17　毛澤東在中央工作會議上的講話，1966年10月25日，《「文化大革命」研究資料》第1冊，第150–151頁。

真正的挑戰或最大的擔心，是在自己身後，他的繼續革命的宏大事業是否會被翻轉過來？這麼一來，什麼是無產階級文化大革命進行到底的「底」，成為毛澤東不斷思考、卻連他自己也說不清楚的問題。但他在一個關鍵點上顯然是清楚的：這一次的事情真的是鬧大了，而他所取得的「勝利」卻如此膚淺。

六

果然，10月工作會議後，文革並未「收縮」，而是繼續擴大「深入」，並開始由「有限制的群眾運動」走向「無限制的群眾運動」。其中關鍵性的轉捩點，是從安亭事件到「一月革命」的一系列變化，完全打破了中共歷來搞運動的「常規」。正是這兩個事件，形成了政治上巨大的「推力」和「拉力」，兩者結合在一起，使得毛澤東一旦放出「無限制的群眾運動」這個大妖魔之後，卻發現怎麼做也收不回來了。

毛澤東準備再把事情「鬧大」的一個重要線索，是他對於安亭事件的看法和處理。11月10日，剛剛成立不久的「上海工人革命造反總司令部」的千餘名成員，為了爭取中央文革的支持以獲得政治上的合法地位，集體北上赴京告狀。他們在上海市郊安亭火車站受到阻攔後，又集體臥軌，阻斷交通，造成了京滬鐵路中斷20餘小時。在中華人民共和國歷史上，像這樣的行動，又是屬於史無前例之舉。上海市委及華東局領導出面調停未果，將情況上報北京。陳伯達在周恩來支持下給上海發電：「你們的這次行動，不單影響本單位的生產，而且大大影響全國的交通，這是一個非常大的事件，希望你們現在立即改正」。陳伯達還要求參與事件人員「立即回到上海去，有問題就地解決」。[18]

18　陳伯達給在上海安亭火車站的工人的電報，1966年11月12日，宋永毅主編：

但在這之後，事情的發展卻急轉直下。時任中央文革小組副組長的張春橋於11日深夜乘專機到上海，與「工總司」負責人展開談判。起初，他堅持要工人群眾先行返回上海，「有什麼事，到上海再說」。但後來，他在直覺的引導下，態度轉變，承認工人的行為是「革命行動」，並承諾回上海後解決他們提出的各項要求。後來，張春橋在與「工總司」的談判中，不顧上海市委的反對，在他們提出的條件上簽字，「承認工總司是革命的合法組織、承認赴京告狀是革命行動、所造成後果由華東局和上海市委負責」。[19]

　　張春橋之所以敢在這件事上「先斬後奏」，一個重要的原因是，他感受到了毛澤東要讓工人捲入文革的迫切心理，揣摸到了毛的底牌。張春橋回到北京後，一度，身為中央文革顧問的陶鑄仍對他的做法表示反對，但毛澤東獲報後，馬上同意了張春橋對事件的處理意見。11月14日，毛在部分政治局常委和中央文革成員開會時，拿出《憲法》說：工人有沒有結社自由？憲法你們看不看？以此支持張春橋的行動。還說：「可以先斬後奏，總是先有事實，後有概念。先有工人組織這個事實，再有工人組織這個概念。」[20]

　　毛澤東對安亭事件欣然同意並大加讚賞的做法，又開了一個中共執政歷史上從未有過的「先河」。這裏反映出的是他的一種決心，一種無法用尋常語言講述出來的「惟恐天下不亂」的心態。自文革開始以來一直便存在、又經過《十六條》正式肯定的關於工人不能跨行業建立群眾性組織的禁令，也由此而失效。同時，這也打開了紅衛兵運動和工人造反派運動合流的大門。

　　《中國文化大革命文庫》。

19　李遜：《革命造反年代——上海文革運動史稿》，香港：牛津大學出版社2015年版，第333頁。

20　王力：《王力反思錄》，香港：北星出版社2001年版，第955–956頁；戚本禹：《戚本禹回憶錄》，第536頁。

七

講文革歷史，不能不說到1966年12月26日發生在中南海毛澤東家中的那一幕。這一天，毛把中央文革的成員們，包括江青、陳伯達、張春橋、姚文元、王力、戚本禹、關鋒等人召集到家裏，一起吃飯。

但這其實並不僅僅是一場飯局，而是那天毛澤東有很多話要說。他最擔心的是，他死後，「資本主義會不會在中國復辟呢？」他自己答道：「這就要看這次無產階級文化大革命了」。他又說：「這個文化大革命是我們黨同黨內資產階級的代理人，也就是走資派、黨內走資本主義道路當權派的鬥爭。鬥爭也不是今天才有的，早就有了。但這一次是全面的鬥爭，從上而下，從紅衛兵到工廠、農村、機關，全國都鬧開了。」問題在於，文化大革命會不會走過場？「不僅學生被鎮壓，機關裏的造反派、工礦裏的造反派，也遭圍剿。沒有大民主，小民主也沒有，給領導提意見就是反黨、反社會主義。熱氣騰騰的群眾運動一下子被搞得冷冷清清。」毛澤東還特別提到，「過去講內外有別」，但「文化大革命，內外都要搞」。[21] 說話之間，他突然站立起來，舉起手中酒杯，說了一句出乎所有人意外的話：「為明年全國全面內戰勝利乾杯！」[22]

---

21 戚本禹：《戚本禹回憶錄》，第541–544頁；參見王力：《現場歷史——文化大革命紀事》，香港：牛津大學出版社1993年版，第100–104頁。這裏引用的，幾乎都來自戚本禹的回憶，王力的回憶中，有更為詳盡的敘述，但一種做歷史的人的直覺告訴我，王力的很多話，不那麼可靠。

22 關於1966年12月26日毛澤東的這頓「家宴」，王力、戚本禹、關鋒、張春橋、姚文元等人，都有各自的記述。最早披露出這一段重要史事、也最為詳盡的，是王力的記述（王力：《現場歷史——文化大革命紀事》，第100–104頁）。但也正因為他的記述過於「詳盡」，反而顯得不真實。果然，戚本禹在回憶錄中，就指責王力關於文革的回憶和記述過於「任性」，不實之處甚多。（《戚本禹回憶錄》，第543頁。）毛澤東是否說過以及如何說「全國全面內戰」？張春橋的回憶是，毛說的是「為全面內戰乾杯」。（張春橋給女兒張維維的信，

毛澤東以七旬老人之身，發出的，何止是振聾發聵的吶喊，簡直達到了一種失去理智，不顧常情，近乎歇斯底里的地步。所有在場的人，都不敢相信自己的耳朵。但他真的説了祝願「全國全面內戰」的話。這是最高指示，是要不折不扣地執行的。

　　這頓飯局後，文革小組的幾名筆桿子聚集在一起，起草1967年的元旦社論。秀才們反復討論和領會毛澤東的想法後，沒有直接使用「全國全面內戰」的説法，而是用了「全國全面展開階級鬥爭」的提法，並把焦點集中到什麼是文化大革命的「底」，把社論題目定為「將無產階級文化大革命進行到底」。社論中最為要緊的一段話是：「在無產階級文化大革命的工人運動中，農民運動中，學生運動中，在各個戰線上都要大破資產階級反動路線，大立毛主席的無產階級革命路線。這是把無產階級文化大革命進行到底的關鍵。黨政機關的革命幹部，要打破清規戒律和那些束縛革命的條條框框，到群眾中去，同工人、農民和革命學生一起批判資產階級反動路線；鬥爭黨內一小撮走資本主義道路的當權派。通過無產階級文化大革命的群眾運動，使我們的黨政機關，徹底實現無產階級的革命化。」[23]這是向全國發出的一個極重要的信號：文革又要升級了。

　　本來，很多人都以為，文革大動亂已經快要到頭，要走向秩序的重建了。然而，1966年12月26日晚毛澤東的飯局以及他説的話卻表明，真正的大戲還在後頭。

　　1992年12月20日，載《張春橋獄中家書》，香港：中文大學出版社2015年版，第128頁）。姚文元第二天打電話給上海市委寫作班的傳達中説，毛説：「祝全國全面內戰開始！」（徐景賢：《十年一夢》，香港：時代國際出版有限公司2003年版，第8頁）其實，如果毛沒有説「全國全面內戰」，戚、張、姚等恐怕是造不出這句話來的，更不可能不約而同地在不同場合造出這麼一句石破天驚的話。這裏，取戚、張、姚三人的説法，未取王力的説法。

23　《人民日報》、《紅旗》雜誌1967年元旦社論，《把無產階級文化大革命進行到底》，《人民日報》1967年1月1日。

八

　　毛澤東準備採取新步驟將文化大革命引向深入，在中央高層政治中的第一個徵兆，是當時從表面上看似乎仍然屬於文革「紅人」的陶鑄受到了整肅。毛澤東生日家宴的第二天，12月27日，江青突然在中央碰頭會上對陶鑄發難，指責他是「中國最大的保皇派」。新年前後，陶鑄繼續受到衝擊。短短幾天之間，形勢急轉直下。1月8日，毛澤東表示不再保陶鑄。頃刻之間，陶鑄從中國政治舞臺上被打了下去，成為文革中緊隨劉少奇、鄧小平之後的又一個「大靶子」。

　　這件事似乎來得突然，但其實卻早已有蹤跡可循。陶鑄本來是華南及廣東的一名「地方大員」，長期受到毛澤東的信任重用。文革爆發後，陶鑄被調入京中，出任中宣部長，並擔任中央文革顧問。八屆十一中全會上，他又當選為政治局常委，成為毛澤東、林彪、周恩來之後的中國第四號領導人。一時間，他儼然成為中國政治舞臺上僅次於林彪而冉冉升起的一顆新星。

　　自陶鑄調入京中並承擔起日常政務、黨務處理後，他即成為周恩來的幫手，身兼副總理職務，國務院的日常工作也多由他處理和應對。在政治理念和處境上，陶鑄和周恩來有許多相像之處：他們都不見得完全理解毛澤東的意圖，但在輔佐毛進行文革這一點上，卻都願意盡量按照他們所理解的毛的思路行事。陶鑄按照自己過去的經驗，覺得文革不能以中共整個黨和國家機制為「打倒」的對象，而仍應當將黨的各級組織和幹部當作領導群眾運動的基本依靠。他完全不能想像的是，毛澤東居然會走到發動群眾來摧毀現存黨和國家建制機構的地步。

　　整肅陶鑄，是毛澤東決心要將文革推向「深入」並「進行到底」的關鍵性的一步棋。通過「打倒陶鑄」，他發出了一個

明白無誤的信號，他要向各級黨政組織全面開刀了。

　　毛澤東走出打倒陶鑄這一步，是由江青在前臺做的。這也是江青及中央文革開始取得巨大政治權力——包括政治上無與倫比的生殺權力——的標誌和開端。陶鑄倒臺，還同組長陳伯達在文革小組內部被逐步「邊緣化」糾合在一道，成為江青全面掌控文革小組的開端。某種意義上說，文革從此也成為毛澤東和江青的「夫妻老婆店」。

　　就在陶鑄受到整肅的幾乎同時，另一個黨內軍內「大拿」賀龍也被端了出來。在中共軍事系統中，賀龍同林彪兩人屬於兩個不同山頭，歷史上的關係說不上親密，甚至可以說是若即若離，但並無大的過節。進入1960年代後，由於廬山會議後主持中央軍委日常工作的林彪身體不好，而由賀龍出面主持中央軍委工作，兩人之間漸生隔閡。這也是羅瑞卿被搞下臺的一個重要背景因素。文革開始後，賀龍起初並未受到觸動，但以後，林彪不斷進言，擺出一副必欲置賀龍於死地而後快的面孔。毛澤東本來就對賀龍與劉、鄧走得太近不滿，到了1967年1月，經反復權衡利弊後，決定放棄「保賀龍」。

　　然而，即使對毛澤東來說，這其實也是一項極不尋常的舉動。他處理黨內和軍內人事問題時，從來就注意擺平各個山頭之間的利害關係，並使得各個山頭之間保持某種代表性和力量上的平衡。賀龍在歷史上沒有反毛的「舊賬」，反而在毛澤東執意要同江青結婚這件事上有過「護駕」的大功，從道理上來說，應當是毛澤東可以信賴和依靠的對象。但這一次，毛澤東居然不顧自己定下的上面這些不成文的「規矩」，也顧不得賀龍對自己的有用之處，而走出了拋出賀龍這一步。這不僅說明，他太有用得着林彪之處了；也意味着，文革真的要打破一切常規，進一步鬧大了。

九

就在陶鑄、賀龍倒臺的幾乎同時，上海發生了造反派組織全面奪權，接着又成立「上海人民公社」的事件，當時被稱為「一月風暴」乃至「一月革命」。後來看，這成為文革進入毛澤東所預言的「全國全面內戰」階段的直接入口。

自安亭事件後，上海工總司獲得了合法地位，工人造反派和學生運動結合起來，上海的文革局勢如江河直下，朝着「大亂」的方向迅猛轉變。11月27日，上海一個紅衛兵組織「紅革會」提出，要將他們辦的《紅衛戰報》和上海市委機關報《解放日報》一併發送，以肅清上海市委「執行資產階級反動路線的流毒」，上海市委予以拒絕。紅革會隨即佔領報社，工總司則出面聲援。同時，對上海市委持「保」的態度的另一派工人組織赤衛隊也包圍報社，力挺市委。[24] 此事上報北京後，陶鑄出面答覆：「群眾組織的報紙與黨報是兩種不同性質的報紙，這是個原則問題，要頂住。」[25] 但一週後，事情發生了峰迴路轉的變化。毛澤東發話說，黨報的門是可以封的，沒有什麼了不起。[26] 中央文革也表態：「《解放日報》附帶發行《紅衛戰報》無非是揭露市委的錯誤，應該歡迎。」[27] 這麼一來，上海各路造反派聲勢大振，上海市委則威信掃地。

這時，上海市委領導開始「轉向」，試圖同擁有近80萬成員的赤衛隊拉開距離，引發了赤衛隊不滿情緒的爆發。12月27日起，數以萬計的赤衛隊員湧入康平路市委大院，要求市委承

24　李遜：《革命造反年代》，香港：牛津大學出版社2015年版，第421–433頁。

25　王年一：《大動亂的年代》，第132頁；馬達：《馬達自述 —— 辦報生涯六十年》，上海：文匯出版社2004年版，第46頁。

26　馬達：《馬達自述》，第46頁。

27　李遜：《革命造反年代》，第435頁。

文革政治史批判筆記

認赤衛隊是革命群眾組織。工總司也調集大批人馬到康平路大院，拳腳相加之下，赤衛隊被趕出了康平路大院。一部分赤衛隊員想到了一個多月前的安亭事件，決定去北京告狀。他們中的兩萬多人滯留在上海以北三十公里的昆山車站，京滬鐵路陷於癱瘓。

1月2日，毛澤東指派張春橋和姚文元以中央文革小組調查員的身份去上海，其實，他們等於是毛的「欽差大臣」。[28] 張、姚於1月4日到上海後，《文匯報》和《解放日報》相繼宣佈造反及奪權。1月6日，上海工總司等造反派組織又舉行了十萬人大會，炮轟市委書記陳丕顯、市長曹荻秋及上海市委，並發佈了聲討陳、曹的通令。這是全國第一樁由造反派組織宣佈在省市一級奪權的事件，開創了又一個先例。

毛澤東得到報告後，沒有馬上對上海造反派奪取市委權力一事表態。直到兩天後，他召集中央文革成員開會時，不提上海1月6日的奪權大會，而是強調了《文匯報》和《解放日報》兩報的奪權事件，毛澤東說：我們要支持他們造反。由左派奪權，這個方向是好的。「這是一個大革命，是一個階級推翻另一個階級的大革命。」[29] 毛澤東的做法透露出的，是他在「破」、「立」之道上遇到的巨大悖論。如何對待現存的黨、政、軍等建制力量？難道真的把它們統統砸碎，一切推到重來？他說了「全國全面內戰」的話，但事到臨頭，究竟怎麼搞，搞到什麼程度，他卻猶豫了。

這時，在上海及全國其他地方，一股強大的「經濟主義」狂潮也伴隨着造反和奪權而迅速擴展開來。說起來，這並不奇怪。文革中群眾性造反運動的興起，除自上而下的鼓動外，從

28　《毛澤東年譜 1949–1976》第6冊，第28頁；《王力反思錄》，第764頁。

29　《毛澤東年譜 1949–1976》第6冊，第30頁；《建國以來毛澤東文稿》第12冊，第185頁。

一開始也具有自下而上的特質，其中所反映的，是中共建政以來積累起來的種種社會、政治和經濟矛盾的爆發。造反之風一旦颳起，普通民眾爭取同自己切身利益相關的各種經濟利益，是必然的事情。1月9日，《文匯報》《解放日報》發表了工總司等革命造反組織的《緊急通告》，提出要堅持革命造反和奪權的大方向，反對並制止隨意增加工資，濫發補貼，搶佔公房的「經濟主義妖風」。[30] 第二天，江青將《緊急通告》等拿給毛澤東看。毛讀後馬上意識到，可以通過在全國推廣《緊急通告》，既支持革命造反派奪權的做法，又不使得形勢完全失控。他立即表態説：「此兩件很好」。並説，上海的「方針、行動是正確的」，應「號召全國黨、政、軍、民學習上海的經驗，一致行動起來」。[31]

這之後，在張春橋、姚文元引導下，上海各路造反派做了一樁他們自以為注定會名垂青史的大事：2月5日，上海人民公社宣告成立。這個新權力機構用「公社」的名稱，本是從毛澤東那裏開始的。據王力回憶，1月中旬，毛曾讓王力打電話告訴張、姚，他在考慮成立「北京公社」的問題。[32] 這不奇怪，毛澤東一向對「公社」這個詞情有獨鍾。他歷來稱讚巴黎公社，大躍進中，又大聲説出「人民公社好」，在中國城鄉大搞公社化運動。上海人民公社的成立，不僅充分體現了他砸爛「舊國家機器」的意圖，也等於是將他自《五一六通知》以來一直尋求的建立「新國家機器」的想法付諸實施。

然而，上海人民公社成立後，北京卻是一片沉寂。毛澤東把上海人民公社成立的消息壓了下來，《人民日報》等沒有報導。事到臨頭，他對「公社」的態度變了。他後來對張春橋、

30　李遜：《革命造反年代》，第658–659頁。

31　《建國以來毛澤東文稿》第12冊，第186頁。

32　《王力反思錄》，第764頁。

姚文元的解釋是：上海人民公社成立的消息「如果一發表，各地都叫人民公社，那黨、政、軍還要不要？一切都管？……各地都叫人民公社，勢必衝擊中央，那就要改國號了，改政體，叫中華人民公社。」他說：「上海公社還是改過來，還是叫革命委員會好。」[33]

　　毛澤東否定上海人民公社的名稱，從中透露出來的，是他在造反、奪權以及建立新型國家機器上的真實態度。這真是像極了一段現代以及現實生活中「葉公好龍」的故事：像葉公一樣，毛澤東在談到想像中的「龍」時，眉飛色舞，心嚮往之；但一旦真龍現身，他卻被嚇壞了。他怕的是，要統治中國，他還是離不開黨、政府、軍隊這些構成現存建制核心及中堅的力量。

　　問題在於，毛澤東放出了「全國全面內戰」的魔鬼後，又想要設置一個大框框，把它罩起來，這做得到嗎？大凡群眾運動，都有自己的動力和發展軌跡，不會讓毛澤東玩弄於股掌之中──即使以他所擁有的巨大權力和權威，在這種事上，也達不到「種豆得豆，種瓜得瓜」的效果。毛澤東很快就會發現，他一旦放出了「全面內戰」這個魔鬼，要收回去就不是一件他可以說了算的事情了。

十

　　「一月革命」後，隨着奪權烽煙向全國蔓延開去，「天下大亂」的局面真的出現了。1966年10月中央工作會議上，毛澤東曾說，文革已經搞了五個月，「可能要搞兩個五個月，或者還要多一點時間」。[34] 運動進入到1967年後，他又說「現在，兩方面的決戰還沒有完成，大概二、三、四這三個月是決勝

33　《毛澤東年譜 1949–1976》第6冊，第51–52頁。

34　《毛澤東年譜 1949–1976》第6冊，第10頁。

負的時候」。[35] 但「一月革命」發散開去後，文革的群眾運動卻如同脫韁的野馬，想收也收不住，最後竟然又持續了九年之久，直至毛澤東去世亦未能終結。

其實，毛澤東作為政治疆場上的老手和高手，當時也已意識到，要想讓文革朝着收場方向發展不會那麼容易。他因此採取了一個重要行動：把軍隊引入文革運動，既讓軍隊出面支持「左派奪權」，又通過讓軍隊介入來控制局面，不使之走到完全失控的地步。1月21日，南京軍區黨委報告，安徽合肥地區造反派要舉行十五萬至二十萬人參加的大會，要求派部隊警衛會場，他們就此事請示中央。毛澤東接到報告後當天就批示：「林彪同志，應派軍隊支持左派廣大群眾。」他還寫道：「以後凡有真正革命派要求軍隊支持、援助，都應當這樣做。所謂不介入，是假的，早已介入了。」[36] 兩天後，中共中央、中央軍委、國務院、中央文革聯名發出《關於人民解放軍堅決支持革命左派群眾的決定》。[37]

毛澤東使出讓軍隊參與文革運動這一招，對他自己其實也是一柄雙刃劍。一方面，在黨政權力機構出現全面癱瘓的情況下，這是保持他及中央文革對全國各地控制的一種手段。但另一方面，這又不可避免地會使得以林彪為代表的軍隊力量（尤其是原紅軍一方面軍和解放軍四野的力量）在中國高層政治版圖中進一步坐大。本來，軍隊在林彪高升後出現的不平衡中多少還有點相對平衡的狀態，也可能被徹底打破。

但毛澤東還是做了這件事，很大程度上是因為，他本來就對軍權抓得很緊，在文革中抓得更緊。林彪名為副統帥，也被

35　毛澤東接見卡博、巴盧庫談話記錄，1967年2月3日，17時20分–19時。但同時，毛又留了一個「活話」：「至於全部解決問題可能要到明年2、3、4月或者還要長。」

36　《建國以來毛澤東文稿》第12冊，第197頁。

37　《「文化大革命」研究資料》上冊，第258–259頁。

冠以解放軍「指揮者」的名號，但他在不知會毛澤東並獲得毛授權的情況下，實際上甚至連調動一個連的權力也沒有。同時，毛澤東讓軍隊介入文革的同時，已讓背景和山頭都不同於林彪的徐向前擔任解放軍文革小組組長。這一組織上的安排，是不是毛澤東防患於未然，用來牽制、約束林彪勢力坐大的一個措施？不管怎麼說，毛澤東相信，軍隊仍然掌控在他的手裏。

十一

毛澤東當時沒有想到的是，讓軍隊介入文革的決定做出後不久，就會發生一批老帥和黨內老人捲入其中的「二月逆流」，把他的大戰略設想一下子打亂了。

1967年元旦過後，陳毅、李先念、譚震林等幾位老帥和老人幾次聚在一起，發出對文革亂局的抱怨。1月20日，因為軍隊要不要搞「四大」以及解放軍總政治部主任肖華受到衝擊等問題，在京西賓館召開的軍委碰頭會上，葉劍英、徐向前和聶榮臻三位老帥和中央文革江青等人發生嚴重爭執，葉劍英在發牢騷時拍了桌子，傷了手骨，然後「揚長而去」。[38]

2月6日，毛澤東召集周恩來、葉劍英和江青等文革小組的幾位成員開會時，居然對中央文革提出了嚴厲批評，說：你們這一攤子人(指中央文革)要接受批評，你們毫無政治經驗，也沒有工人農民經驗，更沒有軍事鬥爭經驗……一切老幹部都打倒……你們早晚會被打倒。[39] 又說：江青眼睛朝天，天下沒有幾個她看得起的人。犯了錯誤統統打倒，就要打到自己頭上來

38　劉繼賢主編：《葉劍英年譜》下，北京：中央文獻出版社2007年版，第956頁；國防大學徐向前年譜編委會：《徐向前年譜》下卷，北京：解放軍出版社2016年版，第185頁。

39　《毛澤東年譜 1949–1976》第6冊，第47頁。

了。你們就不犯錯誤？[40] 毛澤東何以說這些話？這裏，恐怕有幾層意思。這首先是毛澤東對幾位老帥的一種安撫，因而試圖擺出一副「對親者嚴」的面孔，這是他用來擺平各種力量的一種姿態，也是他依然想要結束文革的另一個苗頭。此外，這當中是否還含有毛澤東一貫的「放蛇出洞」的意思？他是否想看一看，他這麼批評中央文革後，其他人會有什麼反應？

本來，幾位老帥1月20日在京西賓館上演了大發牢騷後揚長而去的一幕後，並沒有什麼「跟進」的動作。但在毛澤東當着他們的面對中央文革提出批評後，他們似乎誤讀了毛這麼做的涵義。再加上，毛澤東對上海人民公社成立一直保持沉默，他們對毛的意圖的誤讀更深，膽子也變得大起來了。

2月11日，周恩來在懷仁堂主持中央碰頭會，原定的議題是抓革命、促生產。會上，幾位老人、老帥站起來批駁中央文革在運動中的所作所為。其中，前幾天剛剛當面聽到毛批評文革小組的葉劍英跳得特別高，說：「你們把黨搞亂了，把政府搞亂了，把工廠、農村搞亂了！你們還嫌不夠，還一定要把軍隊搞亂！」[41] 徐向前也帶着火氣說：「軍隊是革命的支柱麼，你們還要不要軍隊？如果不要，我就不幹了！」[42] 葉劍英、徐向前的這些話，實際上只不過重複了毛澤東前幾天對中央文革的批評。但話從他們嘴裏講出來，其實已破了一個不成文的規矩：很多話，毛澤東可以講，別人不可以講。主持會議的周恩來只是一味地試圖「和稀泥」，但並沒有阻止葉劍英等人的發言。

2月16日，周恩來又在懷仁堂主持召集中央碰頭會，由中央文革小組成員（但江青缺席），以及陳毅、李先念、譚震林、

40　《毛澤東年譜 1949–1976》第6冊，第47–48頁。

41　范碩、丁家琪：《葉劍英傳》，北京：當代中國出版社1995年版，第586–587頁；《葉劍英年譜》下，第959–960頁。

42　劉志、張麟等：《徐向前傳》，北京：當代中國出版社1991年版，第532頁。

徐向前、葉劍英等參加，原定議題還是討論「抓革命、促生產」問題。幾位老帥、老人又對中央文革發動了凌厲的攻擊。跳得最高的之一是譚震林。他指着黨內資歷要淺得多的張春橋的鼻子說，你開口閉口講群眾，就是不要黨的領導。你們的目的，就是要整掉老幹部，把老幹部一個個打光。譚還說，「這一次，是黨的歷史上鬥爭最殘酷的一次，超過歷史上任何一次」，「砍腦袋，坐監牢，開除黨籍，也要鬥爭到底」。[43] 說着，就要離開會場，被周恩來當即喝止。幾位老帥中，陳毅前幾次會上幾乎沒有說話，但這次講得最兇：「延安整風時，我們這些人，有總理、我，都是挨整的」，整人最兇的，是劉少奇、鄧小平、彭真、薄一波，但「今天的歷史證明，到底是誰反對毛主席？」他又把中國的情況同蘇聯聯繫起來，「斯大林把班交給了赫魯曉夫，結果是修正主義上臺」。譚震林要離開會場時，陳毅要他「不要走，要跟他們鬥爭」。[44]

會議的絕大部分時間裏，周恩來一直保持「中立」態度，基本上不說話，只是在譚震林、陳毅他們「鬧」得太厲害時，他才出來阻止。會議期間，他曾幾次給毛澤東打電話，應該是向毛請示報告。毛澤東顯然並沒有讓他制止老帥和老人們說氣話的行為。結果，中央文革那幫人在會上被搞得狼狽不堪。

江青沒有參加2月16日的會，這也是老帥和老人們敢於如此放肆的一個重要原因。會後，張春橋、姚文元和王力一道，整理了一份「二月十六日懷仁堂會議」紀要，向江青講述了會議情況。[45] 江青大驚，帶着張、姚並拉着康生一道到毛澤東那裏

---

43 張春橋、姚文元、王力：《二月十六日懷仁堂會議》，轉引自王年一：《大動亂的年代》，第209–211頁。

44 同上；參見《王力反思錄》，第977–978頁；《戚本禹回憶錄》下，第576–577頁（但戚本禹沒有參加這天的會議）；《周恩來年譜 1949–1976》下卷，第127頁。

45 《王力反思錄》，第979–980頁。

告狀。毛起先只是「笑眯眯地聽着」，並沒有發作。後來，康生講到，陳毅在會上提到了延安整風，說那時的整人也沒有像這一次文革。這一下，觸到了毛澤東的痛處。他陡然失色，大光其火地說，「難道延安整風也錯了嗎？還要請王明他們回來嗎？」[46]這種情形，同1959年廬山會議上毛澤東對彭德懷的態度和反應如出一轍。當時，彭德懷提到了延安整風整人時說，你們操了我多麼多天，難道我今天就不能操你們一天。毛澤東當時也是大光其火。

2月19日凌晨，毛澤東召集林彪、周恩來、幾位老帥、副總理以及中央文革的成員開會，發了「雷霆之怒」。他把前幾天發生的事叫做「大鬧懷仁堂」，用極為嚴厲和尖刻的語言訓斥「鬧事者」，並一口咬定，他們的矛頭所向是他和林彪。就在幾天前，毛澤東還對中央文革提出批評，此刻卻斬釘截鐵地說：「中央文革執行八屆十一中全會精神，錯誤是百分之一、二、三，百分之九十七都是正確的，誰反對中央文革，我就堅決反對誰！你們要否定文革，辦不到！」他甚至還說，「我馬上走，林彪也走，陳伯達、江青槍斃！文革小組改組，讓他們來搞。」[47]

從2月25日起，毛澤東讓周恩來出面主持連續召開「政治局生活會」，清算「大鬧懷仁堂」事件，陳毅、徐向前、葉劍英、聶榮臻，以及譚震林、李先念、李富春等都成了會上挨批的靶子。中央文革江青等一幫人，仗着有毛澤東在背後撐腰，趾高氣揚，給這些老帥和老人扣上了「資產階級復辟逆流」的帽子。會上，周恩來既是主持者，其實也是半個「受批判對象」。他檢討說，自己在政治上「不敏銳」，「遲鈍」。[48]

46　《王力反思錄》，第980–981頁。

47　《王力反思錄》，第982–984頁；《戚本禹回憶錄》，第578–579頁。

48　《毛澤東年譜 1949–1976》第6冊，第56頁；《王力反思錄》，第987頁。

但是，毛澤東其實並不打算打倒這幾位老帥和老人。說到底，他已經沒有打倒他們的本錢了。畢竟，他們並非幾個人，而是軍內在歷史上形成的各個「山頭」的代表。這時，賀龍已經倒了。若是再將老帥們一個個都打倒，林彪在軍內的勢力難免進一步坐大。毛澤東治黨馭軍向來講究「五湖四海」的分而治之之道，若軍隊裏真的出現這種情形，如何才能留下一副讓他仍然可以控制的「殘局」？

在處理和批判「二月逆流」的過程中，中央高層的決策機制又發生了大改組。這之後，不僅中央政治局不再活動，就連八屆十一中全會後形成的中央碰頭會也不開了。毛澤東發話，讓張春橋通知周恩來：「要把中央文革當作書記處看待，黨和國家的重點問題，要先提到文革小組討論。」[49] 這麼一來，中央文革以毛澤東的文革代理人的身份，取代了政治局（以及早已癱瘓的書記處），成為中央最高決策機構。此後幾年間（直到中共「九大」召開），大凡重大問題，都由中央文革碰頭會研究處理，掌控了中國政治決策及政治生活的主導權。

十二

本來，毛澤東是準備以「一月革命」的成果為前提和「範本」，讓全國各地跟進，展開「大決戰」，並進而將文革引向結束的。他從參與「二月逆流」的老帥和老人們的行為中再清楚不過地看到，他們這幫人對文革還是一派「口服心不服」的心態，而且，有時甚至連口也不服。這一下子，打亂了他的戰略部署，讓他原先設想的「大亂達到大治」的文革劇本再也難以照本宣科地演下去，文革運動也走上了十年不歸之路。

這之後，毛澤東做了兩個大動作。第一個，是讓軍隊在介

49　《周恩來年譜 1949–1976》下卷，第127頁；《王力反思錄》，第984頁。

入運動上又往前走出一大步，實行「三支兩軍」，在地方實行軍管。3月19日，中央軍委發佈《關於集中力量執行支左、支農、支工、軍管、軍訓任務的決定》。[50] 毛澤東拿出這一招，是要通過對地方實行軍管，用軍隊來制約各地的奪權過程，進而掌控各地政治秩序的恢復和黨政機構重建，以達到在他全面控制之下把文革引向「勝利結束」的目的。

毛澤東做的另一個大動作，是在劉少奇問題性質上的重大升級，從人民內部矛盾轉為敵我矛盾。文革運動對劉少奇的批判，也朝着往死裏整劉的方向推進。這是毛澤東關於文革「大破」思想在政治層面的具體化，也在一個基本的層面改變了文革運動具體發展的走向。

這裏暴露出的，仍然是毛澤東推進文革時的一個最大悖論：他滿腦子都是一套「破舊立新」以及「不破不立」的想法，但他的破、立之道卻是極不平衡的。文革之始，他固然知道，政治鬥爭要以打劉少奇為重點，並作為政治上「破舊」的中心步驟。但他卻不知道，打劉之後，怎樣才能或才算把文革進行到「底」了。由此而產生的，是「打劉」作為政治鬥爭的範圍與「邊際」問題，以及打劉打到什麼程度、怎樣界定劉少奇「反動路線」的組織機制問題，等等。如果將此定得緊一些，則政治上的打擊面就會小一些，可行性也就會大一些；但如果將此定得寬泛一些，則政治上的打擊面難免會擴大，越是寬泛則政治上的難度也越大。

文革初期「批劉」開始時，毛澤東似乎並不想把這件事的邊際定得過於寬泛；或者，套一句俗話來說，他似乎並不準備徹底打倒劉少奇。說到底，毛澤東之所以發動文革，其目的固然包括「打劉」這一層意思，但又不能簡單地以「打劉」來概括。對他來說，單單「打劉」不是一件難事，用他自己的話來

50　《「文化大革命」研究資料》上冊，第361–362頁。

説，那就是，我動一動小拇指，就能要他完蛋。如果毛澤東的目標僅僅是打劉，那他完全用不着採取發動文革這樣一個大動干戈的行動，也大可以在八屆十一中全會或1966年10月中央工作會議後，就為文革收場的。但毛澤東卻沒有、也不甘心這麼做。高層權力鬥爭固然是他發動文革的一部分，但不是他搞文革全部邏輯和根本原因之所在。

「二月逆流」再度喚醒的，是毛澤東揮之不去的「身後焦慮」。他擔心，若不將劉少奇徹底打倒，那在自己百年之後，他可能還有東山再起的機會。他不能讓劉在任何情況下還有回魂的機會，或讓劉在他死後搞得「江山變色」。同時毛澤東也希望，通過徹底打倒劉少奇，在將文革引向「深入」的同時，也能在造反的民眾中產生一種「同仇敵愾」的氣氛，並以此為動力建立起一種新的統治秩序。從3月開始，毛澤東對劉少奇的提法變了，不再稱劉為「同志」。同時，他支持、甚至親自參與了戚本禹寫《愛國主義還是賣國主義》，對劉少奇上綱上線地加以全面批判，從根子上予以否定，並同時給劉扣上了「黨內最大的走資本主義道路當權派」的特大帽子。[51]

十三

在這裏，有必要談一談文革中的派性和武鬥問題。這兩者，其實是孿生兄弟。實際上，當毛澤東在1966年12月26日的生日宴上為「全國全面內戰」乾杯時，文革中派性和武鬥將會肆虐的前景，就已經被確定了，不然，「內戰」哪裏還打得起來？

不過，這裏還有別的原因。文革發生和發展的過程，從來就不是、也不可能是一條全然由毛澤東和中共領導層掌控的「自上而下、動員群眾」的「單行道」。毛澤東關於文革的表

---

51 《毛澤東年譜 1949–1976》第6冊，第68頁。

述本身，充滿着自相矛盾和邏輯上的「內在分裂」。他的「鬥爭哲學」和關於「造反有理」的吶喊，釋放出的是一種在理論和邏輯層面都無法自圓其説的悖論。一方面，他號召人們要用「批判的眼光和態度」來對待一切，這意味着，從邏輯上看，它不可避免地也會引向對於毛本人及「毛澤東思想」的質疑和不同的詮釋。實際上，這種局面在文革中真的出現了。有過文革經歷的人們應該不會忘記，伴隨着大鳴、大放、大字報、大辯論、亦即「大民主」的出現，文革曾打開過一扇似乎可能通向民主與權力制衡的門戶 —— 不管這扇門戶是多麼狹小，或在多大程度上被扭曲。用楊小凱的話來説，這是一種「變相結社自由」。伴隨而產生的，是許多毛本人及毛思想絕對無法控制的「法外之地」。這裏透露出來的，其實是毛澤東發動文革時所依據的革命「合法性敍述」帶有根本性質的局限性。説到底，「合法性」的最後邊界，是人們未被徹底摧毀的思辨的本能，以及未被徹底抹殺的批判意識 —— 它們會不斷地對現存的「合法性」提出質問和挑戰。由此，不可避免地產生了「動員」與「控制」之間的高度緊張，

　　毫不奇怪，在文革的實踐中，毛澤東一旦放出了群眾運動這個「魔獸」，即使以他的貌似絕對的權威和近乎無限的權力，卻做不到完全主導或控制群眾運動的發展軌跡。從一開始，群眾運動在各地的實際發展就不可避免地會受到種種「地方條件」和「地方性政治因素」的限制和「改造」。或者説，在每一個地方，派別的出現，派性的氾濫，武鬥的發生，都有着自己的「地方性政治」上的根源和原因。説到底，任何「政治」都是「地方政治」，文革也不例外。大凡文革中發生的事情，表面上看是大家一股腦兒地響應「偉大領袖」的號召鬧革命，但實際上，若深究起來，多多少少或曲曲折折地一定有什麼文革前年代的種種「政治宿怨」等在那裏起作用的。

　　　　　　　　　　　　　　　　　文革政治史批判筆記

北大的情況就是一個例子。被毛澤東冠之以「全國第一張馬列主義大字報」的發表，固然有社教運動的大背景，但首先還是北大本身地方政治發展的結果。後來，北大成為「武鬥」的「重災區」。上海提供了另一個例子。從全市範圍看，上海並沒有在全市範圍內形成相互對立的兩大派。其中，最接近於此種情況的，應該是上海柴油機廠的兩派對立和衝突「溢出」並擴展到全市後出現的「支聯站」現象。[52] 但支聯站並沒有嚴密的組織系統，而只是遍佈於全市的各種多少處於「反對派」地位的造反組織，借着上柴廠兩派衝突這個題目的一種「匯合」。就這一現象的根源而言，在背後起作用的仍是諸多講不清、道不明的「地方利益」或糾葛。後來，從這裏引發出了文革中上海發生的最大的武鬥事件。

毛澤東呼喚「全國全面內戰」，但一旦「全面內戰」真的成為現實時，他想要踩剎車，而「全面內戰」卻像失控的大車，根本不聽他的使喚，停不下來。從道理上來說，那時，哪一派不說毛澤東的話「一句頂一萬句」？然而，毛澤東不讓打「內戰」了，人家照樣打，這顯然違反了毛的指示。但實際上，毛澤東的話威力有限。第一，畢竟他才是「全面內戰」現象出現並發酵的始作俑者，先前的「常態」是被他帶頭破壞掉的。第二，「地方政治」本質上是毛思想和權威無法管控的，真正在起作用的是種種毛澤東管不到的「地方性因素」，而捲入的各方又都選擇性地借用毛說過的話為自己的行動辯解。不由得又要說一句不客氣的大實話：在經過中國政治文化浸淫的很多中國人心中，在某一個角落，恐怕都隱藏着一個「毛」。

從文革的派性氾濫中，還可以發現中國政治文化傳統中一

---

52 上海柴油機廠的兩大派是「東方紅」和「革命造反聯合司令部」（簡稱「上柴聯司」）。「支聯站」的全名是「支持上海柴油機廠革命造反聯合司令部聯絡總站」。

些帶有根本性質的缺陷。這是一種極講究道德禮儀的文化，折射到現代，極容易縱容人們自以為手中握有「政治正確性」時，便可以採取無法無天、胡作非為的行動。這又是一種缺乏妥協和寬容精神的文化，在政治鬥爭中信奉的是「贏者全贏、輸者全輸」的原則，一旦走上政治鬥爭的疆場，就一定要拼出個你死我活；一旦佔據了上風，也一定要把敵手「打倒在地，再踏上一隻腳，讓他永世不得翻身」──凡經歷過文革的人們，對於這樣的政治語言是絕對不會感到陌生的。

所有這一切，對於「文革批判」的啟示恐怕有二。第一，毛澤東發動文革所面臨的一個最大悖論是：革命如何改造「人」？如何對待並消滅「舊人」？又如何想像並創造「新人」？實際上，這裏的「新」、「舊」之間，從來沒有可以明確劃出的界限，相互之間，也從來沒有不能逾越的鴻溝。在中國革命時代、尤其是文革的現實政治生活中，今日座上賓、明日階下囚的現象比比皆是。所謂「新人」與「舊人」之間的身份轉換或重新認定，真的是容易得很。然而，「新人」本不存在，從無到有，卻仍然需要由「舊人」來創造。於是，這裏又引出了極具諷刺意味的現實：儘管毛澤東發動文革以挑戰並摧毀「舊文化」為目標，但在設定文革的目標與指向時，他卻從來沒有能夠在最具根本性質的基本規範設定的層面（更不必說在手段的層面了），超越「舊文化」的制約與影響。到頭來，以人的「解放」的名義所帶來的，卻是最殘酷的人的壓迫。在文革高潮中，對於千百萬文革參與者來說，他們或許以為，他們正在書寫的，是一段將結束一切「歷史」的歷史。但他們本身，卻仍然是他們所希望終結的歷史的產物。

第二，若從這裏出發再進一步深究，文革批判中應該還有一個涉及到我們每一個曾經經歷過文革的人的層面。毛澤東和其他中共領導人，首先都是中國歷史、文化以及他們所處時代

的產物。我們每一個經歷過文革及中國革命時代的人自己，實際上也是。在後文革時代，尤其是在歷史又處在巨大轉折關頭的今天，當我們試圖批判和超越文革以及中國的革命時代時，我們是否應當清醒地意識到：我們自己所使用的批判的武器，以及我們所使用的方法，在很大程度上很可能仍然是催生了毛、中國的革命時代和我們的那些同樣的東西。我們自己——即使我們曾是革命的受害者——其實都是「革命時代」的某種產物。既然如此，當我們批判革命時，是否能夠取一種「移情」的態度，是否能夠切記，千萬不要在批判革命時重蹈革命的覆轍。我們是否能夠認識到，不管我們自以為所追求的價值或目標多麼崇高，其實沒有什麼可以使我們擺脫人的「可墮失性」、或獲得不被權力和周遭環境所侵蝕的「免疫力」。而文革或更為廣義的革命批判本身，恰恰可能會使我們陶醉於一種自我崇高的想像之中，使我們自以為或者具有這種免疫力，或者對這個基本命題完全不屑一顧。

十四

到1967年夏天，毛澤東曾預言在三、四個月內就可以看出眉目的「大決戰」，完全失控之下，毫無結束的苗頭。全國範圍內，文革這個大題目和錯綜複雜的地方狀況和各式各樣講不清、理還亂的地方或單位利益糾纏在一起，各地造反派無一例外地發生分裂，派系鬥爭愈演愈烈。神州大地上，烽火遍地燃起，奪權行動轉變為各派不顧一切地「搶權」的行為，相互之間大打出手，「全面內戰」達到了走火入魔的地步。各地革命委員會的產生，也幾乎都遇到了過不去的難關。

在全國已經陷入一片大亂和局面失控的情形時，毛澤東身處中南海，高高在上，其實並不真的知道天下之亂已達到了何

種地步。他內心深處大概還一直認為，以自己的威望，只要登高一呼，要達到「天下大治」並不是什麼難事。在他那裏，一時間還沒有要「鳴金收兵」的跡象。

在各地一片大亂中，武漢的情勢顯得尤為突出。在那裏，從年初起，群眾就分裂成兩大派，一派是百萬雄師，其主張相對「保守」，不同意徹底打倒湖北省委和武漢市委，並得到了武漢軍區的支持；另一派是工人造反總部，立場激進，主張徹底砸爛湖北省委，受到了中央文革的青睞。這兩大派之間的對立嚴重，從春天到夏天，文鬥演變為武鬥，大打出手。軍隊介入後，同「百萬雄師」站到了一起，於是，工總這一派又「猛烈炮轟」軍區，矛頭直指軍區司令陳再道和政委鍾漢華。結果，武漢形勢進一步失控，變得更為複雜。

進入7月後，毛澤東心血來潮，想到了要「御駕親征」，自己親自跑到武漢去看一看，並搞出一個在地方層面「解決問題」的樣板，隨後讓全國跟進。7月13日下午，他召集林彪、周恩來和中央文革碰頭會的成員開會，講出了文革的一個新的時間表，說文革要「一年開張，二年看眉目，定下基礎，明年結束」；又說，他要親自去武漢，並當場命令汪東興準備專列。[53]

第二天，毛澤東由代總參謀長楊成武「護駕」，坐專列離開北京。周恩來先走一步，乘飛機去武漢，為毛打前站。7月14日晚，毛澤東到達武漢。兩天裏，他聽取了先行來武漢「解決問題」的謝富治、王力等彙報情況。他發話；要為工人總部平反，也仍然要承認百萬雄師是群眾組織，要做好他們的工作，各派要達成協議，同時，要幫助軍區轉彎，陳再道只要承認錯誤，就不要打倒。毛澤東還說，各派「現在都要借用我的招牌」，武漢問題不會那麼難解決。[54]

53　《毛澤東年譜 1949–1976》第6冊，第98頁。

54　《毛澤東年譜 1949–1976》第6冊，第99–100頁。

根據毛澤東的指示，周恩來出面召集武漢軍區等軍隊負責人開會，要求他們必須「轉彎」。7月18日，周做總結發言時，用恩威兼施的手法，要陳再道、鍾漢華等主動承認支左犯了方向路線性錯誤，這樣就不會被打倒。私底下，他又告訴鍾，毛澤東不準備打倒陳再道。[55] 當晚，毛澤東召見陳、鍾，要他們「很快轉過來」，再「給百萬雄師做工作」，拉住兩邊開個會，然後發一個聲明，這樣，「就團結起來了」。陳、鍾都表示一定按毛澤東的話去做。[56]

這之後，毛澤東認為武漢問題已經基本解決了。7月18日晚，周恩來坐飛機離開武漢。他臨走前，毛澤東看來心情大好，對他說：明年春天文革結束後，要接着開九大，把老同志都解脫出來，鄧小平、賀龍等還要出來當中央委員。[57] 毛澤東顯然以為，武漢的局面既然已控制住了，「樣板」也樹立起來了，下一步順着這條道走下去，就可以在全國範圍內把文革帶向結束。

不料，一夜之間，形勢突變。毛澤東顯然高估了自己對於群眾運動的影響力和控制能力。他的話說來容易，別人做來難。7月19日，陳再道和鍾漢華在軍區常委會上做了檢討。下午，謝富治和王力在他們陪同下出席武漢軍區師以上幹部會議。王力在會上做長篇講話，說百萬雄師是「保守組織」，大方向錯了，並要軍區轉彎檢討。他實際上是在傳達毛澤東的指令，只是不便明言罷了。同時，他又說了「當前的主要矛盾集中在黨內、軍內一小撮走資派身上」之類的話，更讓他的講話帶上了爆炸性。[58] 王力講話傳出後，百萬雄師不幹了。7月

---

55 《周恩來年譜 1949–1976》下卷，第170頁。

56 《毛澤東年譜 1949–1976》第6冊，第101–103頁。

57 《毛澤東年譜 1949–1976》第6冊，第163頁。

58 謝富治、王力在武漢軍區師級幹部會議上的指示，1967年7月19日，宋永毅主編：《文化大革命文庫》。

20日，一齣驚蟄大劇居然在武漢上演。大批百萬雄師群眾及支持他們的部隊士兵，在不知毛澤東住在東湖賓館的情況下，衝進那裏，挨屋搜查，發現王力後，把他拉到武漢道軍區大院批鬥、毆打。他們不曉得的是，毛澤東當時就在隔壁房間，受到了「驚嚇」。[59] 此事發生後，林彪、江青在北京得知後，致信他說，「武漢形勢不好」，請他及早離開。7月20日下午，周恩來從北京飛回武漢，緊急着手安排毛撤離武漢的具體事宜。[60] 7月21日凌晨，毛澤東以一種近乎落荒而逃的方式匆匆離開武漢，乘飛機前往上海。

後來看，毛澤東武漢之行的經歷對他的衝擊是巨大的。本來，他以為只要自己「登高一呼」，就會萬眾回應，天下歸心，但實際上根本不是這麼回事。從他的後續動作來看，他原先對於群眾運動的看法開始發生了變化。

十五

毛澤東離開武漢後，並沒有回北京，而是到了上海，一直到9月中旬，閉門不出，在那裏待了幾乎兩個月。當時，上海文革運動中的大事，是上海柴油機廠聯司和東方紅兩大派之間的分裂，又溢出上柴廠蔓延到整個上海，出現了全市範圍內兩大勢力之間的尖銳對立。一方，是遍佈全市支持上柴聯司的「支聯站」組織，號稱有數十萬之眾；另一方，是支持上柴東方紅的工總司等主流造反組織，其背後是張春橋、姚文元為首的上海市革委會。

某種意義上說，上柴聯司和上海「支聯站」同武漢「百萬

59　還有一種說法是，他們中有人無意中撞見了毛澤東，匆匆退出。

60　《周恩來年譜 1949–1976》下卷，第171頁；《毛澤東年譜 1949–1976》第5冊，第103頁。

「雄師」有相似之處：它們都在普通群眾中有巨大影響，但又都不屬於文革運動的主流派。若說兩者有區別，那就是，軍隊在武漢介入了運動，並站到「百萬雄師」一邊；而在上海，軍隊是同支持上柴東方紅的工總司及其背後的市革委會站在一起的。

毛澤東到上海時，正是這兩大勢力在上海爭鬥得不可開交的時候。8月4日，在他的眼皮底下，由工總司牽頭動員，調集了幾十萬工人，發生了砸爛上海柴油機廠「聯司」的事件。此後，支聯站土崩瓦解，上海再也不存在能夠向市革委會或工總司等主流造反派提出挑戰的反對派勢力了。毛澤東觀看關於此事的實拍紀錄片時，對之稱讚有加，連聲稱好。[61]

毛澤東的態度，恰恰是他當時心態的披露。武漢的七二零事件和上海的八四事件，儘管發生在兩個不同的地方，但後來看，它們其實有着深層次的內在聯繫，尤其是，它們對毛澤東關於文革中群眾運動及「天下大亂」的看法產生了重要的影響。毛對於上海鎮壓聯司和支聯站行動的積極支持表明，他在思想深處已對引起「大亂」的群眾運動產生了強烈的反感，開始要把政治「時針」向回撥動了。文革發展中又一個重要的轉捩點正在到來。

十六

就在武漢事件和上海「八四」事件發生的幾乎同時，北京又發生了兩件大事：火線揪劉(包圍中南海)和火燒英國代辦處。

毛澤東在外地的這兩個月時間裏，北京情勢異常複雜，文革運動也出現了失控的局面。自春天劉少奇的問題大幅度升級後，各路群眾組織對劉的批判烈度也一路飆升。從7月初起，數以萬計的紅衛兵和「革命群眾」包圍中南海搞「火線揪

61　徐景賢：《徐景賢最後回憶》，香港：星克爾出版公司2013年版，第222–224頁。

劉」，要劉少奇「滾出中南海」接受批鬥。這些行動得到了中央文革的支持。這場「大劇」若是一直這麼演下去，中南海周邊及北京的秩序必將被搞得蕩然無存，究竟哪一天會是個頭？

這段時間，王力成了中央文革成員中最出風頭的一個。他從武漢回到北京後，自居解決武漢問題的「英雄」，到處講話。當時，外交部有一位「紅色外交戰士」姚登山，曾任中國駐印尼代辦。1965年秋後，印尼為右派軍人控制，嚴厲鎮壓印尼共產黨，中國和印尼之間的關係也持續嚴重惡化。1967年4月，印尼政府宣佈姚登山為不受歡迎的人。4月30日，姚回到北京時，周恩來和江青等中央文革全體成員去機場迎接。5月1日，他又在天安門受到毛澤東的接見，還站在毛和江青中間，挽着他們胳膊拍了張照片，頓時成了大名人和大英雄。8月4日，他在一次會議上碰到了中央文革的戚本禹，戚對他説，革命小將衝擊外交部和批判陳毅是正確的，要支持。姚登山回到外交部後，向已在部裏奪權的造反派傳達了戚的講話，出來後又轉達給在聚集外交部外的紅衛兵。[62] 8月7日，王力跑到外交部發表講話，表示完全贊成姚登山傳達的戚本禹講話，堅決支持外交部造反派的行動，還説「揪陳毅大方向對」。[63]

在天安門廣場，百萬群眾於8月5日舉行了公開批判劉少奇的大會，這之後，「批劉」愈演愈烈，但中南海周圍的人群開始大量減少。只是，一波未平，一波又起。大批紅衛兵和青年學生又聚集到位於東交民巷的英國領事館，將它團團包圍起

62　馬繼森：《外交部文革紀實》，香港：中文大學出版社2003年版，第167–169頁。姚登山後來因此受到長達近十年的監禁。但在1980年代初最後結案時，只受到留黨察看一年的處分，並在恢復原行政級別後離休。

63　王力對外交部革命造反聯絡站代表姚登山等同志的談話，1967年8月7日；馬繼森：《外交部文革紀實》，第169–171頁。王力辯解説，他那一天並未發表什麼「講話」，只是在瞭解情況時「作了些插話」。（王力：《王力反思錄》，第1015–1017頁。）

來。這件事的直接觸發因素，是已持續了好幾個月的香港大亂局面。從年初起，文革火焰延燒境外，在仍是英國殖民地的香港激起了一波波「反英愛國抗暴」的抗議浪潮，遭致港英當局的反彈鎮壓。8月，外交部草擬了一份限時最後通牒，要求港英當局在48小時內取消對三家左派報紙的禁令，並釋放十九名被關押的左派記者。8月20日下午，中方將通牒交給了英方。[64]

問題在於，這個通牒發出後，中方手中其實並沒有任何有力的後續跟進的步驟。一種說法是，中方的底牌是，如果通牒遭到拒絕，將驅逐英國代辦處的一個負責新聞工作的二秘。[65] 顯然，這樣的措施和通牒的內容及語言完全不相稱，根本就是「放空炮」，或是一場外交和政治上的賭博或訛詐。

8月22日時限過後，港英當局未做任何讓步，北京的事態發展失控。當晚，包圍英國代辦處的紅衛兵和群眾衝進裏面並放起火來。毛澤東得知此事後，「嚴厲批評了周恩來和陳伯達、康生」。[66] 周恩來知道，這次的禍闖大了，必須馬上採取行動，控制事態繼續惡化。8月23日凌晨，他緊急召見外事口各造反派組織負責人，針對火燒事件發了一場大火，說這是典型的無政府主義行為，要進一步調查處理。接着，他話頭一轉，聲色俱厲地宣佈：姚登山等在外交部搞奪權「完全是非法的，不算數的」，是目無中央。[67]

這時，周恩來所面臨的，是一種天下大亂之際坐困危城，情勢幾近完全失控的局面。他思來想去之下，決定直接就北京情勢向毛澤東報告。8月25日午夜時分，應周恩來的要求，一直隨侍在毛澤東身旁的楊成武乘專機從上海到北京。凌晨1

64　馬繼森：《外交部文革紀實》，第161頁。

65　馬繼森：《外交部文革紀實》，第161頁。

66　吳法憲：《歲月艱難——吳法憲回憶錄》，香港：北星出版社2007年版，第694頁。

67　《周恩來年譜 1949–1976》下卷，第181頁。

時，周恩來單獨和楊成武談話，講了自己「對北京最近事態發展的一系列看法」。他提到，王力在外交部講話，煽動造反派在部裏奪權，不僅在國務院各部引起混亂，也衝擊到了周本人；又說，王力等人還支持火燒英國代辦處的行為，並以揪劉少奇為名，把中南海圍得水泄不通，在國際上造成了惡劣影響；還說，王力提出「揪軍內一小撮」的口號，可能把軍隊搞亂。「這樣下去怎麼得了？我擔心的是連鎖反應。現在，一個是中央的領導不能動搖，一個是解放軍的威信不能動搖！」談話結束時，周恩來把王力的「八七」講話交給了楊成武，要他轉送毛澤東。[68]

周恩來走出這一步，尤其是抓住王力的「八七講話」大做文章，把外交部奪權、火燒英國代辦處、揪「軍內一小撮」等幾件事攢在一起向毛澤東報告，應當是他深思熟慮後的結果。但他知道，自己這麼做，等於是在中央文革的太歲頭上動土，走出的是一步極大的險棋，會引出什麼結果，將維繫於毛澤東的一念之差，是他無法預測的。但他顯然覺得，在當時的情勢下，除了走這麼一步險棋外，已別無辦法。楊成武按照周恩來的指示，立即直飛回上海。8月25日上午9時，他面見毛澤東，報告了周恩來的意見。[69]

毛澤東整整想了一天，最後終於下了決心。8月26日上午9時，他招來楊成武，說：「王、關、戚是破壞文化大革命的，不是好人。你只向總理一人報告，把他們抓起來，要總理負責處理。」毛又說，可以先解決王、關，戚暫時不動，以觀後效。」[70]當天中午，楊趕回北京後，立即單獨同周恩來見面，

68　《周恩來年譜 1949–1976》下卷，第182頁；張子申、劉庭華等：《楊成武年譜》，北京：解放軍出版社2014年版，第455頁。

69　《楊成武年譜》，第455頁。

70　《楊成武年譜》，第455頁；《周恩來年譜 1949–1976》下卷，第183頁。

「逐字逐句」彙報了毛的決定。周恩來聽後的感覺，絕非一句「如釋重負」可以概括表達。當晚，他在釣魚臺主持召開中央文革碰頭會，逐字逐句地宣讀了楊成武記錄下來的毛指示。[71] 隨後，王力、關鋒被隔離審查。翌年1月，根據毛澤東的指示，戚本禹也被隔離審查。儘管王、關、戚是江青同意端出來的，但這對中央文革仍然是一個極大的打擊。

文革小組，本來是毛澤東推行文革的最大利器。現在，他卻做出了傷其臂膀的決定，這是一個極為重要的信號。他當然不是要拋棄文革小組，更不是要馬上就此終結文革。但這裏卻透露出，他已意識到，文革作為一種實際的政治過程已經走過頭了，造反派和群眾連他的話都不聽了。或者說，從他的視角看，他發動的革命已經走上了歧途。不管他內心有何想法，在行動上，他開始要同文革的群眾運動分道揚鑣，以強行實現從「天下大亂」到「天下大治」的大轉變。即使從毛澤東的角度來看，文革也從此將越來越成為一種名存實亡的進程。

毛澤東拋出王、關、戚的另一個最重要原因，應是為了穩定軍心。武漢七二零事件後，他的直覺告訴他，軍隊中產生了嚴重的不滿情緒。他是靠槍桿子起家，也是靠抓住槍桿子掌權的。他決不能允許軍隊失控。因此，他不能容忍「揪出軍內一小撮」的口號。周恩來看準了毛澤東的心思，這是他厲害的地方。

歷史就是如此吊詭。文革，說到底，並不是真正意義上的毛澤東和「體制」的徹底對立或分道揚鑣。不管毛澤東對當時的體制多麼不滿，歸根結底，他仍然是這個體制最重要的創造者，也是最主要的「得益者」。因此，在一個非常基本的層面，他同體制有着「合為一體」的關係。在這一意義上，即使他擁有似乎無限的權力，他仍然是體制的「最後的囚徒」。

71　《周恩來年譜 1949–1976》下卷，第183頁；《楊成武年譜》，第455–456頁。

所以，才會有他在1967年夏末、秋初對文革中「造反有理」、「全面內戰」的態度的上述「轉向」。

十七

當1968年新年來臨時，全國二十九個省、市、自治區中，只有九個建立了革命委員會。軍隊介入和「文攻武衛」結合在一起後，全國各地仍然是一派武鬥升級、內戰不休、遍地烽煙的景象。一時之間，仍然難以平定下來。毛澤東不斷發出號召，說「工人階級內部沒有根本的厲害衝突」，要在全國大搞「圍剿派性」，卻收效甚微。文革大動亂局面的終結，依然顯得遙遙無期。

這時，中共高層的政治鬥爭，也變得越來越沒有章法。昨日的座上賓，今日的階下囚，對每一個捲入文革的人來說，這都可能遭遇。3月間，北京突然發生了「楊余傅事件」，解放軍代總參謀長楊成武，空軍政委余立金，北京衛戍區司令傅崇碧，這幾個曾經的文革大紅人，卻莫名其妙地被扭到了一起，遭到整肅。

事情並無前兆，幾乎就是在3月21日至22日兩天間發生的，可謂突如其來。後來才知道，這三個人獲罪，是出於不同的原因，傅崇碧得罪了江青，楊成武冒犯了林彪，余立金同林彪的心腹吳法憲不和，但這三個人並沒有什麼「地下活動」或聯絡。同時，究竟是毛澤東要整他們，還是林彪要整他們，也有不同的說法。3月22日，三人被撤銷職務。兩天後，在宣佈整肅他們的大會上，林彪發言，當着毛澤東的面歷數他們的「罪狀」，給他們扣了一堆帽子，說他們所犯的，是屬於宗派主義、山頭主義的錯誤，是屬於資產階級個人野心家和兩面派的錯誤，是屬於反毛澤東思想，違反毛澤東思想的錯誤。又說，

他們的問題不是很大，但又不是很小。但講來講去，也沒有講清楚他們到底有什麼問題。[72]

　　3月28日，毛澤東找林彪、周恩來以及黃永勝、吳法憲、溫玉成等開會，說：軍委就是辦事組，軍委常委可以不開會了。又說：今後軍委辦事組由林副主席直接管。還說，要調動軍隊幹部，「先作小調動，後作大調動」。[73] 這個變動太大了，是否已留下了毛、林後來衝突乃至最終決裂的又一處關鍵性的伏筆？

72　林彪在接見軍隊幹部會議上的講話，1968年3月24日，宋永毅主編：《文化大革命文庫》。

73　《毛澤東年譜 1949–1976》第6冊，第157頁。

第四章

文革大退潮

一

在我的文革經歷和記憶中，1968年7月從來有着一種特殊的地位。因為，那是我們那一代年青人「身份轉變」的時刻，從「革命小將」變成了「再教育對象」。

到1968年夏天，毛澤東儘管口中並未明言，但種種跡象卻透露出，他實際上已對「天下大亂」無休無止的局面產生了厭倦，乃至恐懼。甚至連他一直很願意聽到、真是陶醉於其中的中國要成為世界革命的「中心」之說，也在他那裏失去了昔日的魅力，視之如棄履。[1] 他要終結文革中完全失控的群眾運動，重建黨和國家統治秩序的決心越來越明晰，也越來越堅定。

當時，全國各地武鬥烽火遍地燃燒，廣西形勢失控得厲害，顯得尤為突出。特別是，這裏是中國(以及蘇聯和東歐國家)援越物資的必經之地。大規模武鬥不僅阻礙了援越物資的及時通過，甚至連搶奪軍火物資等的情況也時有發生，除了越南方面的抱怨外，蘇聯等也一再提出交涉抗議。北京方面雖曾多次試圖解決「廣西問題」，但就是解決不了。

7月3日，經毛澤東審閱批准，中央向全國發出佈告(即

1　《建國以來毛澤東文稿》第12冊，第274–281頁。

《七三佈告》)稱，廣西各地發生大規模武鬥，參與者「破壞鐵路交通」，「搶劫援越物資」，「連續衝擊人民解放軍機關、部隊」，是地地道道的「反革命事件」。[2] 佈告發出後，周恩來和中央文革成員接見廣西兩派代表，嚴令他們停止武鬥，恢復交通，「否則即是犯罪」。[3] 廣西軍管當局拿到了尚方寶劍，馬上對省內各處造反派實行極為嚴厲乃至血腥的鎮壓，廣西也成了文革這一段殺人最多的地方之一。

然而，《七三佈告》發佈後，全國範圍的武鬥形勢並未得到控制。7月24日，中央又發佈針對陝西地區武鬥情勢的《七二四佈告》，指令當地群眾組織「立即停止武鬥，拆除工事、據點、關卡，解散專業武鬥隊」，「中斷的車船交通、郵電通訊，必須無條件恢復」，「搶去的人民解放軍的武器裝備，必須無條件迅速交回」。[4]

7月底，在北京，一個關鍵性的時刻到來了。7月27日，毛澤東親自決定，派遣工宣隊、軍宣隊進駐北京大中學校，首先，進駐當時武鬥正劇的清華大學。這天上午，數以千計的「工人毛澤東思想宣傳隊」人員開進清華大學，要求兩派停止武鬥，拆除武裝工事，並上繳武器。從道理上說，清華造反派不應有不遵從執行的理由，但出於撲朔迷離的原因，清華井岡山一派卻拒絕服從，還實行回擊。下午，井岡山武鬥隊的幾百名成員用長矛、槍支、自製手榴彈在校園內多處向工人宣傳隊發動衝擊。到傍晚，據報，五名工人宣傳隊成員死亡，數百人受傷。[5]

---

2 中共中央、國務院、中央軍委、中央文革佈告，1968年7月3日，《文化大革命研究資料》中冊，第138–139頁。

3 《周恩來年譜 1949–1976》下卷，第248頁。

4 中共中央、中央軍委、國務院、中央文革佈告，1968年7月24日，《文化大革命研究資料》中冊，第152–152頁。

5 王年一：《大動亂的年代》，第301–302頁。

文革政治史批判筆記

7月28日凌晨，毛澤東找來北京高校紅衛兵的「五大領袖」，親自對他們訓話。毛澤東特意提到了《七三佈告》和《七二四佈告》，說這兩個佈告不僅適用廣西和陝西，也適用全國。「誰如果還繼續違犯，打解放軍，破壞交通，殺人，放火……就是土匪，就是國民黨，就要包圍起來，還繼續頑抗，就要實行殲滅。」話語之間，充滿着戾氣乃至殺氣。[6]

　　這裏，毛澤東其實已以再清楚不過的語言講明，他要和文革的造反現象和群眾的造反運動徹底地分道揚鑣了。7月30日，經周恩來、江青、陳伯達、康生等提議，毛澤東批准將他7月28日談話稿向全國傳達，並派出工宣隊和軍宣隊進入大、中小學和「其他混亂部門」。這之後，工宣隊和軍宣隊進入了全國各地的大中學校。從這一時刻起，各種紅衛兵組織土崩瓦解或名存實亡，紅衛兵運動和現象，也就此壽終正寢。

　　這是文革由盛而衰的一個決定性的轉捩點；也是文革和紅衛兵運動完全「走向反面」的開端。本來，文革第一年的造反派早已分化。其中很小的一部分，已經在各地各單位革委會成立的「三結合」過程中轉變為新官僚或新的建制力量。另外的絕大部分，則由於天下大亂下的「全面內戰」，尖銳對立乃至大打出手，搞得元氣大傷。現在，他們已成為建立「新秩序」——其實只不過是「舊秩序」的翻版——的絆腳石，遭到清算的時刻到來了。文革還在繼續，也還名為「文革」，但實際上，蛻變已經發生了。

二

　　對我來説，1968年7月28日在清華發生的事件，思想上的

6　毛澤東召見首都紅代會「五大領袖」時的談話，1968年7月28日，宋永毅主編：《文化大革命文庫》。毛澤東的這一談話有多種文本，這裏所引是其中之一。

衝擊是巨大的。距離1968年夏天的那個時刻，已經半個世紀過去了。但即使今天，我依然可以清晰地記得那前後發生的很多事情。

就在幾天前，我所在的中學剛剛發生了一場學校歷史上最大的武鬥。如果同其他地方的武鬥相比較，我們經歷的那場，顯得太「初級」了。過程中，我們這一派佔據了學校主樓，另一派佔據了另一幢大樓。我們都沒有槍支等武器，雙方各自用彈弓、石頭等擊打對方。我們這一派漸漸佔了上風，開始向對方大樓發起攻擊，並同時打開了消防龍頭，接上水管，用高壓水龍噴射對方。但因距離太遠，效果不彰。這時，有人提出，可以火攻對方據守的教學樓。沒有人回應，也沒有人反駁。我聽到後，驚呆了。幸虧，沒有人動手去做這件事。當夜幕降臨時，對方撤出校園。一場武鬥結束了，沒有死人，也沒有什麼人重傷，但輕傷者不少。

幾天以後，工宣隊開進了學校，對學校實行了全面接管和控制。他們是來恢復秩序的，也是來對我們進行「再教育」的。但他們中很多人言語粗俗，在女同學面前也是髒話連篇，令我們吃驚不小。

文革開始後的那些日子，我們曾經多少次吟唱過「革命方知北京近，造反才覺主席親」。但這時，當我們身邊來了那麼多據稱是「毛主席派來的工宣隊員」時，在感覺上，北京卻變得越來越遙遠，主席的形象也變得越來越生疏。他越來越像是一種想像中的、具有某種超越性意義的存在，是權力，也更是夢幻。現在回想起來，當時，我們中很多人其實已對「主席」和他的思想有一種充滿負罪感的困惑和迷茫。因為，我們發現，我們對他和他的思想已經開始不相信了。

也就是在這前後，中學裏屬於我們這一派的一幫同學聚集在一起，把當時能夠看到的文革中屬於「異端」的所有文字收

　　　　　　　　　　文革政治史批判筆記

集到一起，先後編印了兩大本厚厚的《思潮集》和《思潮續集》。我是負責刻鋼板的，多少個不眠之夜，都是在一邊閱讀那些文字、一邊刻字中度過的。

幾乎也在同一時候，我們不約而同地開始閱讀馬迪厄的《法國革命史》和一批馬列經典原著。現在回過頭去看，這麼做，絕不是出於什麼政治上的「覺悟」，而更是出於一種精神的倦怠和思想的困惑，以及幾乎出乎本能的對迷茫前路的探索。我們是如此，那麼，我們的很多同代人又何嘗不是如此？[7]

今天回想起來，當年我們對毛的信仰本來就是一種想像中的虛幻存在，是一種未經深入及批判性思考之下便產生的「跟潮」和「跟風」。這時，這種本來就沒有牢靠根基的「信仰」，終於在無情現實的衝擊下，從底部開始動搖了。

三

外面的世界，永遠比我們那些初中學生周遭的天地要大得多。文革，依然在「勝利前進」。1968年8月底、9月初，西藏自治區和新疆維吾爾族自治區革命委員相繼宣告誕生，這是中國大陸最後成立的兩個省級革命委員會。通過國家權力和軍隊對社會的強行「切入」，以及對於各地「造反派」及其他群眾組織的強力乃至血腥的摧毀，採取「三結合」的組織形式，毛澤東兩年前鼓吹的「全國全面內戰」局面終於結束了。

9月7日，北京市10萬軍民集會，慶祝這個「全國山河一片紅」時刻的到來。周恩來在會上講話時說，自「一月風暴」後，二十個月過去了，實現了「向黨內一小撮走資本主義道路

7　很多年後，讀到我當時還不認識的朱學勤的一篇回憶文章，其中講到，那也是他和周圍的同代朋友讀馬迪厄的《法國革命史》的時候。真是心有靈犀一點通。朱學勤：《書齋裏的革命》，長春：長春出版社1999年版，第69–70頁。

當權派奪權的偉大勝利。……我們一定要在全國山河一片紅的大好形勢下，好好地迎接我們掀起的鬥、批、改的新高潮」。[8]可是，難道這意味着文革真的到了結束收場的時候？

樹欲靜而風不止。後來的歷史發展告訴人們，並非如此。

到了那一年的10月，中共中央舉行擴大的八屆十二中全會，這是對文革中最大的「政治清算」做一個了斷的會議。但若從中共黨章來看，這次全會在形式和內容上都是不合法的。在八大和八大二次會議上選出的中央委員中，當時在世的還有八十七人，但大多已經被「打倒」。經周恩來根據毛澤東指示做出安排，一批在運動中「靠邊站」的中央委員被火速招到北京(有的還是從牛棚裏放出來的)。即使如此，可以出席全會的還是只有四十人，根本不足一半。於是，全會開始後的第一件事，就是把到會的十九名候補中央委員中的十人扶正，從而使得出席的中央委員人數勉強超過了一半。[9]同時，又有數十名根本不是中央委員的「文革新貴」出席了這個「擴大」的全會。

會議議程的重中之重，是給劉少奇扣上「叛徒、內奸、工賊」的大帽子，宣佈把他永遠開除出黨，徹底打倒。這件事，從頭開始就是毛澤東要做的，是一件大得不得了的事情。從黨內政治鬥爭角度來看，文革從興起到全面鋪開，都是圍繞着「打劉」而展開的。後來，在後毛澤東時期，當中共領導層做出全面否定文革的結論時，又是同劉少奇案的平反昭雪聯繫在一起的。可以說，劉案是文革興亡的指標性事件。

從年初起，中央專案組就集中了大量人力和其他資源為劉案準備材料，到八屆十二中全會前，拼拼湊湊，但根本不聽劉

8　周恩來在北京市革命群眾慶祝大會上的講話，1968年9月7日，《「文化大革命」研究資料》中冊，第197–199頁。

9　周恩來在八屆十二中全會開幕會議上的講話，1968年10月13日，宋永毅主編：《文化大革命文庫》；王年一：《大動亂的年代》，第311頁。

文革政治史批判筆記

少奇本人的意見和申辯，搞出了洋洋數千頁關於他是「叛徒、內奸、工賊」的審查報告。它的目的，是徹底打倒劉少奇，讓他永世不得翻身。會上，劉少奇被永遠開除出黨。從而，真的被「徹底」打倒了。

假作真時真亦假，無為有處有還無。

本來，劉少奇被永遠開除出黨，再加上「全國山河一片紅」，可以也應該是文化大革命獲得「全面勝利」的標誌。八屆十二中全會結束時，《人民日報》公佈了毛澤東的一段話：「這次無產階級文化大革命，對於鞏固無產階級專政，防止資本主義復辟，建設社會主義，是完全必要的，是非常及時的。」[10] 這讀上去，像極了是在為文革作歷史定位的宣示。一時之間，歷時已經兩年半的文革，似乎真的到了要劃上句號的時候了。

但實際上，這個句號的小圓圈圖形的最後完成，卻將是八年之後 —— 也是毛澤東、周恩來等都已經「去見馬克思」之後 —— 的事情了。

四

終於，我們也到了要離開學校的時候。從1965年秋天入中學，三年多過去了。只有第一年是上課讀書的，後兩年，都在「鬧革命」中度過。忘不了那一天，1968年12月21日的晚上，中央人民廣播電台播送了偉大領袖的又一段「最新指示」，同我們的命運有着直接的關係 (後來被稱為「一二二一指示」)：「知識青年到農村去，接受貧下中農的再教育，很有必要。」[11]

10　《人民日報》，1968年11月2日，第1版。

11　《人民日報》，1968年12月22日，第1版。

毛澤東知道，要把文革引向結束，就要解決紅衛兵和學生的出路問題，這是他要為文革收場而走出的極為重要的一步。文革是從學校開始搞起來的，幾年來，全國各大中學校沒有畢業生，而是都留在學校裏「鬧革命」了。現在，把成千上萬的青年人從城市送入鄉村，是一項「一石二鳥」的措施。一方面，它以釜底抽薪的方式，通過把紅衛兵一代送入社會，而且是遠離城市政治中心的農村社會，至少從當時來說，徹底瓦解並終結了他們作為群體的政治能量和參與能力。另一方面，這又可以緩解文革這幾年累積下來的巨大的城市就業壓力。再者，從邏輯上來說，這也可以成為文革從遵照《五一六通知》而全面鋪開、亦即「破」的階段，朝着《五七指示》中想像的方向、亦即「立」的階段，走出的重要一步。對毛澤東來說，這可以視為是他的宏大的社會革命和社會改造工程的一部分。

　　我早已對工宣隊進校後日復一日、無休無止的「學習生活」感到無比厭倦，而且，高年級的同學也都已經走了。比我們六八屆低的那兩個年級，並不是考進來的，總覺得，他們的「素質」不行，和我們沒有什麼共同語言。看到他們天天在越來越空曠的校園裏摔跤、打架，更覺得這裏已不再是我們的家園。

　　我很快就報名「上山下鄉」，因為一批朋友都要去黑龍江軍墾農場，我也選擇了要去那裏。但就在這個時候，「事情」找上門來了。一天深夜，我們一幫同學正在用我們手中殘留的紙張、油墨等印製一些準備離開學校後用的「紀念冊」之類的東西。突然，一位工宣隊員，警惕性極高，看到我們宿舍房間夜深仍未熄燈，闖了進來，然後吹起哨子，又大叫「階級鬥爭新動向！」大批工人叔叔伯伯們蜂擁而至，把我們十幾個同學隔離開來審查。別人還好，我卻因為還捲入過編印《思潮集》之類的事情，被告知，沒有審查清楚，不能離校。後來，工宣隊又查出，我們一幫同學外出做「社會調查」（其實是遊山玩

　　　　　　　　　　　　　　　文革政治史批判筆記

水)時，我曾用鋼板蠟紙仿印過幾可亂真的學校革委會公章(我在這方面是一把好手)，用在介紹信上，於是又被說成是「私刻公章」，罪名變大了。別人都「解脫」了，唯有我卻一直被「吊」在那裏。

幾個月拖下來。起先，工宣隊不放我上山下鄉，說是要「順藤摸瓜」釣大魚，後來，實在查不出什麼大問題，學校又解散了，我的關係和檔案被退回街道。那時，我又堅持，除非把檔案裏亂七八糟的東西清除乾淨，我不能不明不白地就走。但那時，這事已經沒有人管了。

我突然空得要命，整天和學校和街道的兩幫朋友混在一起，讀書，交流思想，也下棋、打牌。之後，一打三反和清查五一六運動來了。街道有幾個革命警惕性特別高的幹部(尤其是一位自己剛剛「解放」不久的「老幹部」)，從我的檔案裏翻到我們印發《思潮集》等的材料。家中一個1940年代留下的老式進口「西屋」收音機，並沒有短波波段，卻也被拿去反復查看，當作有「收聽敵台之嫌」的「證物」。後來，學校和街道的那兩幫朋友又分別出事了。學校的那幫朋友，是屬於當時上海中學文革運動中的反對派中學運動串聯會的，本來就因為參與「炮打張春橋」等活動上了「黑名單」。這時，不知什麼緣故，我們前一段一起讀書交流的事被翻了出來，說我們有「惡毒攻擊」的言論，當作一個「反革命小集團」來搞，我也被牽連進去。在街道，我的另一幫朋友也「出事」了，說我們議論中「反對文革」，有「五一六嫌疑」。這之後，一連五六年，我都成了「重點審查對象」。其間，還因為「態度惡劣」，不肯交代問題和揭發別人的問題，兩次被關進監獄「端正態度」。這個過程中，我在學校那幫朋友中最著名的一位，《一切為了九大》一文的作者毛兵(戚偉堂)，文革結束後雖獲「平反」，卻發瘋了。

街道那幫朋友中，最有才華、也最有思想的一位，後來自殺身亡。他叫任天林，死的時候，只有二十三歲。他是「新中國」的同齡人，卻在生命之花本來應該燦爛綻放的時候，遭遇了生命之樹的凋零。

在這裏，我想記下那些年讀過的一些書的名字：《法國革命史》《第三帝國的興亡》《戰爭論》《拿破崙傳》《牛虻》《悲慘世界》（頭兩卷）《九三年》《攪水女人》《高老頭》《歐也尼、葛朗台》《戰爭與和平》《葉爾紹夫兄弟》《州委書記》《茹爾賓一家》《赫魯曉夫主義》《蘇聯還是社會主義國家嗎？》、范文瀾的《中國通史》《綱鑒易知錄》。此外，那一段時間也是我讀馬列經典著作最多的時候，其中包括《德意志意識形態》《反杜林論》《法蘭西內戰》等，大多是我在幾乎空無一人的書店裏「順手牽羊」拿回家的。

我還抄書。一本大部頭的《第三帝國的興亡》，居然抄了大半本。後來被沒收了，還被説成抄的是希特勒的《我的奮鬥》，自然是一大罪名。

在那個年代，讀書也是會付出重大代價的。

五

1968–1969年中國的整個局勢本來就夠複雜的了，但是，使局勢變得更為複雜的是，此時，中國所面臨的國際局勢也發生了極為重要的轉變。1968年8月20日，蘇聯入侵捷克斯洛伐克。後來看，這件事情各方面的影響 —— 包括對文革的影響 —— 是巨大的。

對毛澤東和中共領導層來説，蘇聯走出入侵捷克這一步並不全然是一種意外。早從年初起，當具有擺脱蘇聯控制意味的「布拉格之春」改革之風在捷克斯洛伐克勁吹時，他們就關注

着那裏的形勢發展。7月下旬，文革期間仍然同中國保持着良好關係、也同捷克領導人杜布切克聯繫密切的羅馬尼亞，就對北京吹風説，布拉格的改革若持續下去，莫斯科有可能進行軍事干預。[12] 8月21日夜，羅馬尼亞副總理波德納拉希緊急約見中國駐羅代辦馬敘生，除轉報捷克情勢外，又説，蘇聯軍隊也可能入侵羅馬尼亞，如果這樣，羅馬尼亞要堅決抵抗。[13]

8月22日下午，毛澤東在人民大會堂召集周恩來及中央文革碰頭會成員等開會，討論蘇聯侵捷後的形勢及中國的對應之策。他説：「蘇聯現在是沒有辦法了，不搞，他們的日子不好過。」會上決定，《人民日報》將詳細報導蘇聯侵捷消息並發表社論，予以嚴厲譴責。[14] 恰在此時，周恩來得知，羅馬尼亞駐華大使杜馬將於8月23日舉行國慶招待會。他當即決定，他本人將親自出席招待會並發表講話。8月23日晚，周恩來果然帶領一大批中國高層官員出現在杜馬大使的國慶招待會上。他講話時，把蘇聯領導人稱為「蘇修叛徒、工賊集團」，「一貫奉行美蘇合作主宰世界的反革命政策」。他還説，「蘇修叛徒集團早已墮落成為社會帝國主義和社會法西斯主義」，其侵捷行徑，「同當年希特勒的侵略捷克斯洛伐克和今天美帝的侵略越南一模一樣」，是「推行法西斯強權政治的最露骨、最典型的表現」，也「標誌着蘇聯現代修正主義的總破產」。[15]

周恩來的講話，以及同一天發表的《人民日報》社論，都

12　蔣本良：《多瑙河之波》，成都：四川人民出版社2004年版，第76頁；參見王泰平等：《中華人民共和國外交史 1957–1969》，北京：世界知識出版社1996年版，第334頁。

13　蔣本良：《「捷克事件」與周恩來的「六八講話」》，《中共黨史參考資料》第72輯(1999年12月)，第37頁。

14　《毛澤東年譜 1949–1976》第6冊，第185頁；《周恩來年譜 1949–1976》下卷，第252頁。

15　《人民日報》，1968年8月24日。

給蘇聯扣上了「社會帝國主義」的帽子。這一點十分重要，意義深遠。自中華人民共和國成立起，「反對美帝」就一直在新中國政治話語中佔據中心地位，並成為毛澤東和中共在推進國家和社會改造的宏大計劃時，實行超常群眾性動員的一根重要支柱。[16] 1950年末和1960年代初以後，中蘇交惡，關係破裂，並捲入了一場誰是真正的馬列主義者、誰是「叛徒」的大論戰。毛澤東發動文化大革命，一個最重要的邏輯起始點，就是不這麼做就不能在中國防止蘇聯那樣的「資本主義復辟」。即使如此，直到蘇聯侵捷的發生，中共並沒有以「社會帝國主義」稱呼蘇聯。現在，周恩來的講話和《人民日報》社論都突出了這一點，這首先是為了進一步證明，文化大革命是「完全必要的，非常及時的」。後來看，這實際上也為毛澤東和中共重新界定「世界主要矛盾」以及誰是中國及世界人民「最大和最危險的敵人」，打開了一扇新的門戶。這之後，中國的主導性政治話語以及毛澤東關於革命的「合法性敘述」，從「反修」到反對社會帝國主義，開始發生重大變化。有意無意之間，這也為文革後期中國內外政策的變化，尤其是為同已不是中國「最危險的敵人」的美國的關係解凍，開闢了新的空間——儘管在當時，人們對這一點大概還未注意到。

六

1969年4月1日，中共第九次全國代表大會在北京舉行。開會之初，毛澤東就宣佈，這要開成一次「團結的大會，勝利的大會」。看來，他想要通過這次大會的召開，宣告文化大革命的「勝利結束」。但實際上，對毛澤東或他的「文革大業」來

16　相關討論參見 Chen Jian, *Mao's China and the Cold War*, Chapel Hill, NC: University of North Carolina Press, 2001, chapters 4 and 7.

說，九大絕不是一次成功的大會。尤其是，這次大會導致了曾支持文革的力量的深刻分裂，從而為文革最終走向失敗的實際進程開了個頭。

其實，九大上將要碰到問題，早在會前就已經顯露出來。八屆十二中全會開過後，召開九大及起草大會政治報告的事提上了日程。最初，毛澤東讓陳伯達牽頭，同張春橋一道起草這個報告。但陳伯達卻發現，他和張春橋在報告的主題思想上存在着重大分歧。陳伯達覺得，文革結束後就要把工作重點轉到發展生產力上來，但張春橋卻認為，革命還沒有完，也不會完。陳索性把張拋在一邊，自己做這件事。可是，毛澤東覺得陳伯達有「唯生產力」的傾向，又讓張春橋單獨搞一個稿子。陳伯達還是堅持寫出一稿，卻被毛澤東丟在一邊。[17] 張春橋起草的報告一部分接一部分送給毛澤東看後，毛讚不絕口，認為他抓住了自己「無產階級專政下繼續革命」思想的真諦，九大政治報告最後採用了張春橋的稿子。問題在於，什麼是「繼續革命」？難道九大不是要宣佈文化大革命勝利結束，而是還要繼續搞下去？

九大上，還修改並通過了新黨章。其中，打破以往的一切常規，正式寫入「林彪同志是毛澤東同志的親密戰友和接班人」。這種做法在中共歷史上是沒有先例的，林彪的地位也由此而達到了又一個高點。但當時誰又能想到，僅僅兩年多之後，林彪竟會落得個死無葬身之地的下場。回過頭去看，「木秀於林，風必摧之」，林彪作為毛的接班人寫入黨章之時，是否已是他走向自己的政治墳墓之路的開端？

九大越開到後來，越成為一次權力再分配及「論功行賞」的大會。九大開始後，經毛澤東「欽定」後，由周恩來、康

17　王文耀、王保春：《文革前後時期的陳伯達 —— 秘書的證言》，香港：天地圖書2014年版，第136–142頁。

生、黃永勝組成了一個三人小組，負責政治局及常委人選名單的確定。他們最後搞出來的名單中，中央文革成員和林彪以下軍委辦事組的一班人紛紛進入政治局。在進一步確定常委人選時，江青自以為是文革的大功臣，又是毛澤東的夫人，覺得自己進常委是理所當然的事。在這種情況下，三人小組也把江青放入了常委候選人名單。但歸根結底，此事是要由毛澤東說了算的。結果，毛在常委名單上劃去了江青的名字，說這是「徒有虛名，都不適當」。江青的名字也從常委候選名單裏被拿掉了。[18]

但九大還是在中央委員選舉時出了問題。毛澤東以全票當選。林彪則少了兩票，這多半是因為他和夫人葉群都未投自己的票，以免在得票上出現和毛平起平坐的情況。問題在於，江青少了十幾票，她懷疑，林彪手下那幫大將沒有把票投給她。張春橋等人還提出要追查這件事，後來被毛澤東阻止了。[19] 但這麼一來，九大還沒有結束，江青的「文革派」已經和「軍人派」結下了一個不能算小的「樑子」。

九大所建立的新的政治權力體制，基本上是由三種勢力「捏合」後形成的。第一種，是文革派，為首的是江青，也包括陳伯達和康生，以及文革中竄上來的一批政治「新星」。但這不是鐵板一塊的，比如，當時仍然擔任文革小組組長的陳伯達和小組其他成員之間已經產生了很深的裂痕。第二種，是以林彪及軍委辦事組幾位成員為首的軍隊勢力。大批軍隊幹部，尤其是在地方上支左後進入「新興權力機構」的一大批人，進入了中委，軍委辦事組黃永勝、吳法憲、李作鵬、邱會作等人，又都進了政治局（其中，黃一度還是中央政治局常委的人選），成為這一派的中堅力量。但這裏的複雜之處在於，由於

18　《建國以來毛澤東文稿》第13冊，第4頁。

19　《邱會作回憶錄》，香港：新世紀出版社2011年版，第646–647頁。

歷史及其他方面的原因，軍隊裏歷來是有山頭的，情況錯綜，林彪其實並不能全面掌控軍隊。第三種，是文革中未被打倒或新近恢復工作的「老幹部」。廣義上說，周恩來以及在中央工作的葉劍英、李先念等都屬於這一派。但這也不是絕對的。例如，周恩來是黃埔軍校的政治部主任，也算是林彪的老師，國共內戰中還出任軍委總參謀長，在軍隊中的輩份極高。他說話，在軍隊將領中還是有影響的(即使他沒有調動部隊的權力)。

在這一權力結構中處於頂端的，無疑是毛澤東本人。但這並不意味着他在權力掌控上就可以高枕無憂了。從局面上看，林彪的勢力已明顯坐大。若是追根溯源，這恰恰是因為，「一月革命」後毛澤東出於推進運動和控制局勢之需，必須倚重林彪，讓軍隊以「支左」的名義介入文革。但毛澤東這麼做的結果，打破了他自己一向在軍中搞「五湖四海」，讓各個山頭的力量相互制約平衡的做法，造成了林彪勢力「尾大不掉」的情勢。後來看，正是為了應對林彪勢力坐大後的中央權力機制的畸形狀態，毛澤東發現，文革居然停不下來了。

九大後，又一輪政治鬥爭的潘朵拉魔盒被打開，文革又搞了七年。

七

九大開過後，在如何對待文革的問題上，毛澤東實際上已陷入一種進退維谷的悖論之中。一方面，他確實想要結束文革運動。但另一方面，在巨大慣性的作用下，也在他自己的一些新想法的支配下，一系列新的運動又接踵而來。其中，有整個文革期間最神秘、最荒唐、也最講不清楚的一場「運動」——「清查五一六」。到1969年，幾年前北京出現的那幾個名為「五一六」的小組織早已銷聲匿跡。但毛澤東仍然幾次親自發

話，中央也一再發出文件，要挖出「五一六分子」。這一點上，這個運動同1930年代初紅區的「反AB團」有着如出一轍之處，它是一種虛幻的想像，也是一根需要時可以隨意拿出來打人甚至殺人的棍子。在毛澤東那裏，這麼做其實也是在為給文革動亂找「替罪羊」。1969年後，他曾幾次三番在會見外國領導人時提到「五一六」，說文革出現混亂，就是「五一六」破壞的結果。[20]

1970年春夏之交，全國又展開了一場「一打三反」運動，主旨是打擊反革命破壞活動、反對貪污盜竊、反對投機倒把、反對鋪張浪費。在實行中，它和「清查五一六」結合起來，除重新揪出少數「歷史反革命」外，主要的打擊對象是形形色色的「現行反革命」，矛頭從指向「走資派」轉為指向普通民眾，尤其是昨日還是「英雄」的青年學生和造反派。它的實際作用，也只是讓文革中以「大聯合」和「三結合」名義重建起來的官僚科層機制和建制力量，重新確立起對於整個社會的控制。我在那一段及之後持續受到審查、迫害，就是因為被當成了「一打三反」和「深挖五一六」運動的對象。(現在，近半個世紀已過去了。但偶爾想起當年街道裏十幾位六、七十歲的爺爺、姥姥，被指派給我辦「封閉性學習班」，信口開河地說我是「五一六嫌疑」時，心中仍有一種無法名狀的悲涼之感。)這時的文革，同先前的文革已經完全不一樣了。關鍵在於，天下遠未「大治」，人心卻早已大亂。

20　例如，就在這一時期，毛澤東在會見朝鮮勞動黨中央政治委員會常委兼內閣副首相朴成哲等時說：「現在就比較理解了，這裏面有一個秘密的反革命集團在起作用，叫『五一六兵團』。這也是文化大革命的一部分結果，暴露了這些壞人。」(毛澤東主席會見朝鮮民主主義人民共和國代表團談話記錄，1970年6月27日晚7時30分至8時45分。) 毛澤東還在會見緬甸領導人奈溫時講到「五一六」，說「他們有一個集團，一個陰謀集團，搞破壞的」。(毛澤東會見奈溫談話記錄，1971年8月7日。)

　　　　　　　　　　　　　　　文革政治史批判筆記

同時，根據毛澤東提出的「吐故納新」的口號，黨內也搞起了整黨，毛澤東或許是想借此讓黨員的大多數對文革做正面表態，但實行中，卻很快淪為走過場的形式。全國範圍內，但首先是在中央機關，還出現了根據毛的《五七指示》創辦起來的各式各樣的五七幹校，大批幹部集體下放農村。毛澤東的本意，大概是要以此為文革從「大破」轉向「大立」開闢出一條路，但五七幹校在實踐中卻從未使參與者產生一種轉化為「新人」或創建「新社會」的使命感和光榮感。這顯然不是毛澤東想像中的「理想」體制。所以，毛澤東後來又會一再重新提出「批判資產階級法權」之類的問題。

八

不過，毛澤東搞「清查五一六」、一打三反、整黨等運動，又確實是想要為文革收場的。而文革根本無法收場，直接原因並不僅僅在於下面，更在於上面，尤其在於中共最高領導層。九大上，軍人派和文革派之間的分歧和爭鬥已露端倪。九大後，他們之間的矛盾仍頑固存在，並不斷深化及表面化。更要命的是，這種矛盾背後的癥結在於毛澤東和林彪之間的關係出現了裂縫。九大開過後，毛澤東已開始對林彪不放心，心裏也已不願意讓他擔任接班人了。這裏的關鍵，並不在於林彪是否可靠，而在於毛、林已顯露出思想上的分歧；同時，從毛澤東的角度來看，林彪的位置越來越擺得不對了。

但是，歷史的發展有自己的慣性和邏輯，從來就充滿吊詭，並不總以人們的意志為轉移。儘管毛澤東在九大後已經開始對林彪越來越不放心，但整個1969年，在他的促動下，全國出現了一片「要準備打仗」的聲音，結果，林彪的勢力也隨之進一步坐大。

1969年3月2日和15日，中蘇邊防部隊在烏蘇里江上屬於彈丸之地的小島珍寶島，兩次發生流血衝突。現在看來，北京方面對衝突的發生其實早有準備。早在1月下旬，黑龍江軍區就制定了在珍寶島地區「實施反侵略鬥爭方案」，準備派部隊潛伏在珍寶島上，在蘇聯部隊登島時打它一下。2月19日，在周恩來協調指導下，總參和外交部都同意了這個方案。3月2日的戰鬥發生前，北京方面已經在人民大會堂設置了指揮所，並通過瀋陽軍區同烏蘇里江邊防前線建立了通訊聯繫。[21] 3月15日，蘇聯邊防部隊又上了珍寶島，中方也早有準備。雙方輕重武器一起上陣，發生了一場更大規模的戰鬥，雙方的傷亡也更大。[22]

　　其實，毛澤東當時並沒有把同蘇聯打仗真的那麼當回事。在他看來，仗不見得打得起來。他當時想得更多的，是要在九大將要召開之際，抓住珍寶島事件大做國內動員的文章。毛澤東的心理很奇怪，看上去好像要把這件事搞得很大，但實際上又並不想真的把事情搞大。3月15日珍寶島上的第二仗剛打完，他就說，到此為止，「不要打了」。又說，大敵當前，動員、準備一下有利。[23]

　　毛澤東發話後，從3月起，同九大召開聯繫在一起，全國出現了一波接一波「要準備打仗」的動員高潮。毛在九大上說，要準備打仗，但又說，「主要的是要有精神上的準備」。[24] 從北京、上海、天津、廣州到遍佈全國的各大中小城

21　李可、郝生章：《「文化大革命」中的人民解放軍》，北京：中共黨史資料出版社1989年版，第319頁。

22　徐焰：《1969年中蘇邊界的武裝衝突》，《黨史研究資料》，1994年第5期，第6–8頁。

23　毛澤東在中央文革小組碰頭會上的講話，1969年3月15日，轉引自楊奎松：《中華人民共和國建國史研究》2，南昌：江西人民出版社2009年版，第278頁。

24　毛澤東在九屆一中全會上的講話(節錄)，1969年4月28日，《「文化大革命」研究資料》中冊，第335–337頁。

市，都按照毛澤東要「深挖洞」的指示，到處發動老百姓掘地三尺，修建各式各樣的防空工事。某種意義上，這簡直是1958年全民大煉鋼鐵的現象在另一時空條件下的重演，在文革後期中國城市社會生活中，這成了一件特大的事情。

到了夏天，中蘇衝突又一次突然升級。8月13日，在新疆塔城鐵列提克地區，解放軍的一個邊防分隊遭到早有準備的蘇軍邊防部隊的襲擊，遭到全殲。[25] 這件事上報北京後，毛澤東及整個中共領導層極為震驚。幾個月來，外面就風傳，蘇聯要對中國的核基地實行外科手術式的核打擊。現在，毛澤東和其他中共領導人真的緊張了。8月28日，中共中央發佈命令，邊境各省、市、自治區都根據毛澤東「要準備打仗」的號召，「充分做好反侵略戰爭的準備，加強軍民聯防，隨時準備殲滅入侵之敵」。[26] 這之後，不僅在邊疆地區，實際上也在全國範圍內，以準備對蘇戰爭為中心，又掀起了新的一輪備戰的群眾動員高潮。

這一年10月1日國慶（「二十週年大慶」）到來時，毛澤東在「戰爭恐慌」的心態支配下說：今年國慶日，地方、軍隊的同志都不要去北京，怕敵人趁機消滅我們的中心。[27] 到國慶前一天，林彪竟然下令，要在北京實行一級軍事準備，部隊全面動員，為防備蘇聯炸壩泄水，他甚至提出，要炸掉密雲水庫大壩。幸虧被周恩來攔住，此事才未發生，不然後果不堪設想。[28]

10月1日來了又過去了，蘇聯什麼也沒有做。同時，中斷多時的中蘇邊界談判經雙方協商後將恢復舉行，蘇聯代表團定於

25　徐焰：《1969年中蘇邊界的武裝衝突》，第10頁。

26　中國共產黨中央委員會命令，1968年8月28日，《「文化大革命」研究資料彙編》中冊，第365–367頁。

27　《毛澤東年譜 1949–1976》第6冊，第267頁。

28　鄭謙：《中共九大前後全國的備戰工作》，《中共黨史資料》第41期，第219頁；《周恩來年譜 1949–1976》下卷，第325頁。

10月19日抵達北京。這本來是一件好事，有助於緩和當時處於極端緊張狀態下的中蘇關係。可是，「杞人無事憂天傾」。毛澤東此時又懷疑，蘇聯會否借此機會對中國實行突然襲擊。10月14日，他發出指示：中央領導同志都集中在北京不好，一顆原子彈就會死好多人，應該分散些。[29] 當晚，毛澤東就乘專車離開北京前往武漢。三天後，周恩來和政治局根據毛澤東的指示作出安排，除了周本人和總參謀長黃永勝留在北京外，中央其他領導人都要在10月20日之前全部撤離北京。[30] 黃還和吳法憲、李作鵬、邱會作等幾名林彪麾下的大將一道，組成軍委前指進入西山指揮所。[31]

林彪當時在蘇州休養，但他向來對戰爭問題高度敏感，一片風聲鶴唳之下，10月18日，他口授了一道「關於加強戰備、防止敵人突然襲擊的緊急指示」，下令軍隊「立即組織精幹的指揮班子，進入戰時指揮位置」。[32] 隨後，林彪的秘書通過電話將指示傳達給在北京的黃永勝。黃又下令將林的口喻以「林副主席指示」名義向全軍傳達。到了總參謀部，值班的副總參謀長閻仲川為執行時方便，給指示加上了「林副主席第一號命令」的標題，全軍收到命令後，隨即進入緊急戰備狀態。[33]

無論怎麼看，林彪在未先行知會毛澤東的情況下就發出這一重大的動員指示，確有不妥之處。他為什麼會這麼做，在缺乏可靠資料的情況下，已無從考證。但就實際效果而言，不管

29　《毛澤東年譜 1949–1976》第6冊，第270頁。

30　《毛澤東年譜 1949–1976》第6冊，第270–271頁；《周恩來年譜 1949–1976》下卷，第329頁。

31　李根清：《林彪「緊急指示」前後》，《炎黃春秋》2015年第11期，第47頁。

32　同上，第47頁；據林彪秘書張雲生回憶，林彪口述電話稿後，他與葉群商量，將電話稿「壓兩個小時」，由葉群同時報告在武漢的毛澤東。(張雲生、張叢堃：《文革期間我給林彪當秘書》，香港：中華兒女出版社2003年版，第568頁。)

33　張頌甲：《閻仲川與「一號令」》，《炎黃春秋》，2015年第9期，第50頁。

林彪當時是怎麼想的，他走出這一步，就在從來對自己的最高統帥權力極端重視的毛澤東那裏犯了大忌。當汪東興把這個由北京周恩來處轉來 (而非葉群送來)的「一號命令」傳閱件拿給毛澤東時，毛居然說「燒掉！」還不等汪東興反應過來，他就自己動手把傳閱件燒掉了。經汪東興堅持，因留文件需要才留下來傳閱件的信封。[34] 我們無法確知，毛澤東當時究竟在想什麼。但可以肯定的是，他固然會覺得林彪的行為越權了，但更會為林彪一聲令下後全軍呼應的情況而感到震驚。九大後，毛澤東就開始對林彪不信任了，這麼一來，又加上了反感、擔憂乃至一種恐懼。

九

1970年上半年，表面上看，毛、林之間的矛盾沒有進一步顯露，但實際上，在黨內上層政治看似平和的水面下，危險的漩渦和湍急的暗流卻正在聚集。問題和麻煩露出水面，最初是從一件乍一看似乎並不那麼敏感的事情——四屆人大的籌備——開始的。中間，涉及了是否設國家主席的問題。林彪倒臺後，這件事成了他受到指控的一椿主要「罪狀」，變得撲朔迷離，因此，根據目前看得到的各種材料，在這裏把事情發展的線索大致梳理一下。

那一段時間，毛澤東在武昌，想到了四屆人大上會碰到的人事問題。3月7日，他發話說，國家體制可以改變，不設主席和副主席，由人大常委負責人代表。[35] 但他並沒有說出為什麼

34　汪東興：《毛澤東與林彪反革命集團的鬥爭》，北京：當代中國出版社1997年版，第14–15頁。

35　《毛澤東年譜 1949–1976》第6冊，第283頁。林彪麾下的幾位大將們一口咬定，毛澤東當時還說，林彪可當主席。但這同毛說不設國家主席的說法豈不矛盾？

要做此改動的理由。第二天，周恩來主持召開政治局會議，由汪東興傳達毛的看法，與會者「一致擁護毛澤東意見」。會上，還決定由周恩來和張春橋、黃永勝、謝富治、汪東興一道，負責四屆人大代表確定及選舉的進行。同時，還成立了一個由康生、張春橋等組成的工作小組，負責修改憲法之事。[36]

這之後，四屆人大籌備工作開始鋪開。3月17日至20日，周恩來主持召開中央工作會議討論此事。修憲問題上，既然毛澤東已發了話不設國家主席，與會者自然都表示同意。當時，林彪正在蘇州休養，未出席會議。然而，他卻讓秘書給毛的秘書打電話說，「林副主席建議，毛主席當國家主席」。毛澤東未置可否，只是讓秘書回電：「問候林彪同志好。」[37]

4月中旬，政治局將要開會聽取修憲小組的報告，也將對不設國家主席之事做出決定。11日，林彪又讓秘書給毛澤東打電話，仍建議由毛兼任國家主席。「這樣做對黨內、黨外，國內、國外人民的心理狀態適合。否則，不適合人民的心理狀態」。林彪還說，他「自己不宜擔任副主席的職務」。[38] 這個電話記錄，同時也傳給了中央政治局。第二天，周恩來主持政治局會議，包括周在內，多數人支持林彪的意見。會後，周恩來將會議情況向毛澤東報告。第二天，毛澤東批示：「我不能再作此事，此議不妥。」[39] 但他沒有提及不設國家主席一節。

這件事並沒有就此了結。4月27日，毛澤東從外地回到北京，當天下午就親自主持召開中央政治局會議。他當着林彪等的面說：我不當國家主席，也不要設國家主席。又說：孫權

36 《周恩來年譜 1949–1976》下卷，第353頁；《毛澤東年譜》第6冊，第283頁。

37 《毛澤東年譜 1949–1976》第6冊，第285頁。

38 《毛澤東年譜 1949–1976》第6冊，第291頁。

39 《建國以來毛澤東文稿》第13冊，第94頁；《周恩來年譜 1949–1976》下卷，第361頁。

勸曹操當皇帝，曹操說孫權是要把他放在爐子上烤。我勸你們不要把我當曹操，你們也不要當孫權。[40]毛澤東的話講得很清楚，口氣也有點兇。不過，參加會議的人們當時並不顯得緊張，有人反而還笑了起來。

這時，林彪麾下的軍人派和江青為首的文革派之間的關係緊張。5月17日，發生了另一件蹊蹺的事：江青把軍委辦事組黃永勝、吳法憲、李作鵬、邱會作幾位大將找去，講了一大通攻擊周恩來的話，主要是說他在歷史上站錯隊的問題。[41]黃、吳、李、邱等人本來就對江青及文革派有看法，這一次，他們以為抓住了江青的把柄，隨後到林彪處彙報工作時，講到了江青攻擊周恩來的事，林彪「非常氣憤」，當即要他們將此事報告給毛澤東。他們隨即推派遣黃永勝到毛處「告狀」。毛澤東卻根本未顯出任何驚奇之處，只是輕描淡寫地應付了黃幾句，要黃永勝他們不要讓江青知道他們來毛處告狀之事，似乎根本沒有把此事當作一件大事來對待。[42]

此事發生前後，吳法憲等向林彪彙報時，林談到了設國家主席的事，說，還是要設國家主席，不設國家主席，國家沒有一個頭，名不正言不順。又說：國家元首，只有毛主席來當，別人都不合適。還說：「我也不適合當這個主席，我的身體不好，不能參加活動，不能出國訪問。」[43]當時，吳法憲的感覺是，林彪的口氣「非常誠懇」。

40　《毛澤東年譜 1949–1976》第6冊，第295頁。

41　《邱會作回憶錄》第682頁；《周恩來年譜 1949–1976》下卷，第367頁。

42　這個故事，是邱會作講述的，見《邱會作回憶錄》，第682–683頁。

43　《毛澤東年譜 1949–1976》第6冊，第298頁；吳法憲：《歲月艱難——吳法憲回憶錄》，香港：北星出版社2006年版，第777–778頁。林彪出事後，官方文件陳述：吳法憲交代，葉群曾私下對他說，如果不設國家主席，林彪怎麼擺？往哪裏放？但吳後來在回憶錄中翻供，說這個話其實是汪東興說的，而他卻在逼供之下，把這個說法加到了葉群頭上。

在毛澤東一再表示他不當國家主席的情況下，林彪何以還堅持此議？官史後來的說法是，他是想要爭國家主席的位置，「搶班奪權」。此話不通。毛澤東還在那裏，不管林彪「搶」到什麼位置，就有了從毛澤東那裏「奪權」的本錢？更何況，國家主席也就是個名頭，因人而異，並不見得一定會有多少實權，哪裏比得上林彪已有的副統帥和毛澤東接班人這兩個已經寫進黨章的名頭？林彪犯得着偏要和毛澤東對着幹，去搶奪國家主席的位置嗎？這是一個偽命題。

這之後，軍人派和文革派爆發了一場直接衝突。8月13日，周恩來主持政治局會議開會，討論憲法修正草案定稿問題。結果，吳法憲跳了出來，向張春橋叫板。張在審閱憲法草案稿時，把草案中說毛澤東「天才地、創造性地、全面地發展了馬克思列寧主義」一句中的三個副詞「天才地、創造性地、全面地」給刪掉了，而這一特定的提法，恰恰是林彪首倡的。吳法憲同張春橋大吵，又上綱上線，給他扣帽子，說他貶低偉大領袖毛主席，影射攻擊林副主席，等等。[44] 第二天，周恩來再次主持政治局開會，張春橋做了讓步，不再堅持刪去這三個副詞，於是，包括這一特定提法的憲法草案獲得了通過。[45] 這時，離預定8月下旬在廬山召開的九屆二中全會已經很近了。

十

8月23日下午，九屆二中全會開幕。開會時間原定三點，但毛澤東和林彪卻直到3點45分才走進會場。據陳伯達記述，「開會之前，林彪個人單獨在一個房間同毛主席談話，周恩來

44　《邱會作回憶錄》，第684頁；《毛澤東年譜 1949–1976》第6冊，第318頁。

45　《周恩來年譜 1949–1976》下卷，第385頁；《毛澤東年譜 1949–1976》第6冊，第318–319頁。

同志和我與其他人，都在另一房間等待，時間並不很短。」[46]
只是，我們永遠無法確知，那一天，在那一段「並不很短」的
時間裏，毛、林兩人究竟談了些什麼。

會議開始後，毛澤東問林彪、周恩來和康生：「你們誰先
講」，林彪說，他要先講。[47]他說了一個多小時，重點是吹捧
毛澤東，反復說毛是天才。他沒有直接談到設國家主席或要讓
毛當國家主席，講話中與此最近的一段話是：「毛主席的偉
大領袖、國家元首、最高統帥的這種地位……用法律的形式鞏
固下來非常好，非常好！」但他話中帶刺，暗示毛的「這種領
導地位，就成為國內國外除極端的反革命分子以外，不能不承
認的」。[48]他的矛頭所向是張春橋，但他點到為止，沒有直呼
其名地把張端出來。聽他講話的人的感覺是，他的話說得比較
亂，車軲轆來回轉，沒有什麼邏輯。

林彪那些捧毛澤東的話，包括「天才論」，毛澤東聽過多
次。這一次，林彪又講這些話，毛起先還在笑。但是，當林把
攻擊的矛頭指向文革派時，他的臉色變了，漸漸地板起面孔，
再無笑容。毛後來宣佈「散會」後，也是扭頭就走。會上及會
後，林彪的講話並沒有馬上產生太大的反響。與會者大都把他
的話當做官樣文章看待，搞不清這後面的底細。陳伯達聽出
林彪的話是衝着張春橋來的。散會後，他馬上去問林彪，「講
話是否得到毛主席的同意」，林答道，「毛主席是知道的」。
陳伯達大喜，隨即又去找了吳法憲溝通情況，準備在第二天會

46　陳伯達：《陳伯達遺稿 —— 獄中自述及其他》，香港：天地圖書，1998年版，
　　第118頁。關於毛、林在會前談過話一節，《毛澤東年譜》《周恩來年譜》等
　　各種官史記述中均無記載。但在邱會作、李作鵬、吳法憲等人的回憶錄中都講
　　到了。因此，陳伯達所述有相當的可信度。

47　《毛澤東年譜 1949–1976》第6冊，第321頁。

48　林彪同志在九屆二中全會上全體會議上的講話，1970年8月23日，宋永毅主
　　編：《文化大革命文庫》。

上對張春橋開火。[49] 最蹊蹺的是汪東興的態度。他是毛澤東的「近侍」，在別人眼裏，他的行動必定或由毛澤東授意，或得到了毛的批准。他對林彪的講話顯得極為熱情，同「軍事俱樂部」的幾位大將一道，為林彪煽起的火苗在火上加油。[50]

8月24日，全會先分組收聽林彪前一天講話的錄音。陳伯達在華北小組發言，講述「天才論」，還不指名地批評張春橋等人。葉群和吳法憲也在各自小組大肆發聲，擁護林彪講話。但在這上面話講得最兇的是汪東興，由於他身份特殊，影響最大。本來，文革派就不得人心，這一來，張春橋很快就成了眾矢之的，會議的政治氣氛也一下子炒熱了。

8月25日上午，全會上印發了載有陳伯達發言的第六號簡報。火燒得更猛了，各小組的發言人不僅都擁護設國家主席，還紛紛要求「揪出」陳伯達發言中提到的「反對毛主席的人」。這一來，張春橋成了人人喊打的過街老鼠。[51] 當天中午，江青帶着張春橋和姚文元去見毛澤東，哭訴他們在會上遭到圍攻的情形。[52] 這一場景，像極了四年多前「二月逆流」發生時幾位老帥和老人「大鬧懷仁堂」後，江青帶着張春橋他們去見毛澤東的那一幕。下午3點，毛澤東親自出馬，召集政治局常委擴大會議。他又擺出了「二月逆流」時訓斥老人老帥們時的那副面孔，臉色鐵青地說：關於國家主席的問題不要再提了，誰堅持設國家主席，誰就去當，反正我不當！如果再這樣

49　陳伯達：《陳伯達遺稿——獄中自述及其他》，第118頁。

50　汪東興在中國共產黨九屆二中全會華北組的發言，1970年8月24日，宋永毅主編：《文化大革命文庫》。

51　中國共產黨九屆二中全會第六號簡報（華北組第二號簡報），1970年8月24日；吳法憲在中國共產黨九屆二中全會西南組的發言（節錄），1970年8月24日，宋永毅主編：《文化大革命文庫》；又參見徐景賢：《十年一夢》，香港：時代國際出版有限公司2003年版，第213–214頁。

52　《毛澤東年譜 1949–1976》第6冊，第326頁。

鬧下去，那我就下山，讓你們鬧。開完了會我再上山，就不下去了。再不然，我就辭去黨中央委員會的主席。[53] 會議決定，停止討論林彪講話，收回六號簡報，責令陳伯達、吳法憲等做檢討。第二天，汪東興成了第一個交檢討的人，並很快「過關」。[54]

從8月26日起，根據毛澤東指示，會議休會兩天，大多數與會者都去遊山玩水。連續幾天，毛澤東每天深夜或凌晨，都和周恩來單獨見面談話。周恩來轉過頭來，也「不分晝夜地找人談話或開小會」。[55] 毛澤東見了陳伯達，「對他進行了嚴厲的批評」。周恩來和康生一道，找吳法憲、李作鵬、邱會作談話，要吳帶頭做檢討。[56] 但這時，林彪卻是一副反感及抵觸的面孔，說吳法憲他們「沒有錯」，要他們「不要檢查」。[57] 林彪從來不同毛澤東對着幹，這次何以會如此行事？這至少說明，他心裏大概確有委屈；同時也透露出，他恐怕對自己的地位做了過高的估計，以為毛澤東拿他沒辦法。這一時刻，已埋下了一年後他將落得個死無葬身之地下場的又一重要伏筆。

8月31日，毛澤東又使出了一手新的殺手鐧，寫出《我的一點意見》。這很像是八屆十一中全會上，他寫《炮打司令部》那一幕的重演。只是，同那篇矛頭直指劉少奇、鄧小平的文字不一樣，在這一篇裏，毛澤東只把陳伯達拿出來開刀，說，他和「天才理論家」陳伯達共事三十多年，這一次，陳「採取突然襲擊，煽風點火，唯恐天下不亂，大有炸平廬山，停止地球轉動之勢」。本來，大肆捧毛的「天才論」是林彪首創提出的，但毛

53　《毛澤東年譜 1949–1976》第6冊，第327頁；《周恩來年譜 1949–1976》下卷，第388頁。

54　汪東興：《毛主席與林彪反革命集團的鬥爭》，第48、61頁。

55　《毛澤東年譜 1949–1976》第6冊，第329–331頁。

56　《毛澤東年譜 1949–1976》第6冊，第327、328頁。

57　吳法憲：《歲月艱難 —— 吳法憲回憶錄》，第806頁。

澤東卻虛晃一槍，說他和林彪「兩人一致認為」，陳伯達提出天才論是錯誤的。[58] 這以後，全會的風向完全轉了過來。陳伯達成了遭到批判的頭號靶子，葉群和吳法憲也坐上了被告席。

9月6日傍晚，全會舉行閉幕會議。林彪主持會議，他要毛澤東講話。毛又講了幾句狠話：「廬山是炸不平的，地球還是照樣轉。」[59] 據邱會作回憶，下山前，周恩來和他、吳法憲、李作鵬談話，說「毛主席要『和為貴』，問題在山上處理好，不帶下山」。[60] 然而，待林彪等人都下山後，毛澤東要周恩來和康生、李德生一道，負責陳伯達的專案。[61] 短短幾天裏，毛澤東其實已表明，廬山上發生的「這件事」並沒有完。

十一

廬山會議後，毛澤東應該已決心不讓林彪當接班人了，但一時之間，他還不想或不便同林彪撕破臉。他拿陳伯達開刀，但中心卻是批陳伯達的「天才論」，而這又恰恰是林彪最初倡導的。這種「一箭雙雕」的做法，是毛澤東在政治上的一着高招，既可以通過「批陳」觸及林彪，但又給什麼時候和怎樣「打林」留下了空間和餘地。林彪對毛澤東的動作及動機表現得極為敏感，儘管周恩來一再暗示，要他主動向毛表個態，但他卻不肯「配合」。他從廬山上下來後，就抱定宗旨，採取「三不」態度，不管毛如何施加壓力，他都「不說話，不干擾，不自責」。[62]

58　毛澤東：《我的一點意見》，1970年8月31日，《建國以來毛澤東文稿》第13冊，第114–115頁。

59　《建國以來毛澤東文稿》第13冊，第126頁。

60　《邱會作回憶錄》，第777頁。

61　《毛澤東年譜 1949–1976》第6冊，第335–336頁。

62　《邱會作回憶錄》，第775頁。

1970年10月1日，毛澤東和林彪同上天安門，兩人沒有就廬山會議或「批陳」有任何交流。但葉群在天安門城樓上見到毛澤東時，毛的態度溫和友好，同她講了很多話。這其實是毛澤東給林彪的一個「信號」，但林彪依然不肯自己出面。幾天後，葉群交出了一份檢討。此前幾天，吳法憲也做了檢討。[63]然而，毛澤東想要的不是葉、吳兩人的檢討，而是林彪的表態。因此，他對葉、吳兩人檢討的反應極為嚴厲。[64]毛澤東顯然是想借此把林彪「逼」出來做自我檢討，但林彪卻還是抱定宗旨，就是不主動說幾句毛想聽的話。

　　12月18日，毛澤東會見美國記者斯諾時說，四個偉大，「討嫌，總有一天要統統去掉」。[65]這是一個極為重要的信號。「四個偉大」正是林彪提出的，毛澤東同斯諾這樣一個外國人講這個話，說明他在要對林彪「動手」上的態度，已達到了一個轉捩點。

　　1970年秋冬，表面上看，毛、林之間的衝突對峙似乎沒有明顯發展，但這只是暴風雨到來前的短暫寧靜。根據毛澤東的指示，從12月22日至第二年1月下旬，在周恩來主持下，召開了由北京軍區和華北地區領導幹部近500人參加的「華北會議」，主題是「批陳」。毛澤東最希望看到的，是黃、吳、李、邱等幾位林彪麾下的大將能在會上主動做自我批評，並借此把他們從林彪那裏「拉出來」，也順勢逼着林彪表態。但這幾位大將在會上「既沒有批陳，也不做檢討」。[66]1月24日，周恩來在華北會議上做總結發言時說，「會議通過對陳伯達的

63　吳法憲第一次書面檢討，1970年9月29日；葉群第一次書面檢討，1970年10月12日，宋永毅：《文化大革命文庫》。

64　《建國以來毛澤東文稿》第13冊，第143，137頁。

65　《建國以來毛澤東文稿》第13冊，第174頁。

66　《周恩來傳 1949–1976》，第1028頁。

揭發批判，更加認清了他的反黨罪行，進一步同他劃清了界限」。[67]這並不是毛澤東想看到的結果。

　　華北會議還在進行中時，毛澤東又提出，要軍委召開一個以「批陳整風」為主題的座談會。1月9日起，這個座談會開始舉行，參加的有軍隊各方將領近150人，開了一個月，沒有什麼結果。從3月起，中央又開擴大的「批陳整風」會議。從毛的角度看，開這個會，還是要檢測軍委辦事組黃、吳、李、邱等的態度，並借此把林彪也「牽出來」。但這幾位大將摸不清毛的意圖和底盤，仍不願主動牽出林彪，因而在會上走一步，看一步，只是被動應付。毛澤東不斷施壓，周恩來又一再提示之下，黃、吳、李、邱才各交出一份「深刻檢討」，承認自己在盧山會議上「犯了方向、路線錯誤」。毛馬上予以表揚，但又要他們「實踐這些申明的問題。」[68]隨後，毛又找他們，要他們去北戴河向林彪當面做一次彙報。[69]毛澤東這是更為直接地向林彪「叫板」，但從另一角度看，也是給林一個由他設計並掌控的「下臺階」的「機會」。

　　林彪擺出的，仍是一副「打哈哈」的姿態，說他「完全擁護毛主席自盧山會議以來的一系列指示」。不得不涉及自己時，林只是說，自己「講話有氣，順口而出，放了炮」，被陳伯達「利用了」。即使如此，他還是辯護說，他在九屆二中全會上的講話，「見到主席我也講過，後臺講的話，搬到前臺去講」。[70]林這麼說，分明是在提醒毛，他在盧山上的講話是經過了毛的，要毛不要把他逼得太急。

67　周恩來在華北會議上的講話提綱，1971年1月24日，中共中央文件，中發(1971)6號文件。

68　《毛澤東年譜1949–1976》第6冊，第374頁。

69　《毛澤東年譜1949–1976》第6冊，第375頁。

70　《毛澤東年譜1949–1976》第6冊，第376頁。

這之後，這個「批陳整風」會議又開了一陣。主持會議的周恩來最希望看到的，是林彪能到會上講一個話，表一個態，最好做一點自我批評。但林彪就是不肯出面，周也只能乾着急，拿他沒有辦法。最後，會議只能草草收場。這麼一來，在毛澤東看來，林彪的事情非但沒有完，實際上還只是剛剛開始。

十二

就在批陳整風會議召開的幾乎同時，1971年3月，林彪的兒子林立果牽頭搞了一個《五七一工程紀要》。其中，通篇都是對毛澤東的政治路線、組織路線和經濟發展政策的嚴厲批判。對毛本人，《紀要》也用的是「大不敬」的言辭，將毛稱為「B52」。但實際上，這是一個極不成熟的政治文件，或者說，是一個並未真正成形的政治宣言。它的名稱中雖然用了「武起義」(「五七一」的諧音)一詞，但這實在算不得一個政變行動計劃，完全沒有關於政變組織、參與者，以及具體行動步驟的內容。[71]

林彪是否知道林立果搞了這個《紀要》？從目前可以看到的材料判斷，沒有證據表明他知道此事。極有可能，林立果是背着父親做這件事的。不然的話，以林彪政治上的經驗，怎麼也不會弄出這麼一個根本沒有實施可行性的「計劃」。但這裏還有另一面。即使林彪對此事毫不知情，《紀要》所透露的，仍是他的一些基本想法和思想狀態。從思想上來說，早在九大時，林彪已顯露出和毛澤東「離心離德」的傾向。此時，在毛一再要葉群做檢討的情況下，林彪和他的家人更同毛分道揚鑣了。這也是林彪堅持「三不」的一個重要原因。

---

71 中共中央關於印發反革命政變綱領《「571工程」紀要》的通知，1971年11月14日，中發 (1971)74號文件。

那麼，是否存在一個由林立果「小艦隊」牽頭，捲入黃、吳、李、邱及各地「林系」將領的反對或謀殺毛澤東的陰謀？在1980年「兩案」審判中，並沒有四位大將捲入林立果小艦隊圖謀的任何內容。他們所犯的，至多也只是政治上「站錯了隊」的「嚴重錯誤」。而且，就是這一點也是可以辨析的。從他們的「罪證材料」來看，凡是說他們大肆吹捧林彪，死心塌地跟林走的部分，幾乎都屬於斷章取義。他們對毛澤東的大肆吹捧，以及表現出的忠心及相關表述，比之林彪，可以說是有過之而無不及。說到底，他們都是從紅軍時代就在毛澤東的「嫡系部隊」裏，跟着毛走過來的。只不過，由於指揮系統上的原因，他們同林彪的聯繫才比同高高在上的毛更為密切。黃永勝後來說，在林彪問題上，他也搞不清楚毛的真實意圖，毛澤東又不把話講清楚。「他要是明說，我倒也會聽令而行；但他又不明說，就是繞着彎子讓我猜。」[72] 黃永勝的話，固然有道理，但毛不把話講明，也有他的道理，因為他當時確實已對黃、吳、李、邱等有猜疑之心了。

十三

　　批陳整風會議後，毛澤東和林彪之間的關係變得更為緊張。毛澤東對林彪的「三不」態度也越來越反感乃至惱火；林彪對於毛澤東出爾反爾、步步緊逼也極為沮喪，但既不敢發作、又絕不願意輕易「就範」，以至於落入毛的「圈套」。毛、林之間的關係，也陷入了一種可怕的僵局。

　　1971年五一節，林彪出席了在天安門舉行的慶祝晚會。城樓上，他和毛澤東、周恩來同坐一桌，卻沒有同毛澤東或周恩

72　黃正：《軍人永勝黃永勝將軍前傳》，香港：新世紀出版社2011年版，第550頁。

來説説話，也幾乎沒有笑容。小坐幾分鐘後，他對毛澤東説：「我有點頭痛，要先走了。」毛説了聲「好」，林彪隨即起身離開了。這時，在場的新華社記者甚至還來不及好好地照一張像，記錄下毛、林在一道的情形。周恩來得知此事後，居然大發雷霆，把記者狠狠地批了一通。然後，他親自動手，從已經拍攝的影片中勉強找出毛、林兩人坐在天安門城樓上，但林彪卻處於側面的一幕，洗印成照片，第二天在報上發表。[73] 他這麼做，不僅是為了對外保持中央高層依然「團結一致」的形象，更是為了防備毛、林關係的持續惡化乃至「崩盤」。

林彪心中固然不服，但同時，也產生了一種從未有過的恐懼，其中，似乎又夾雜着對毛澤東的些許幻想。他那種極端忐忑乃至失常的心態，從他給毛澤東寫的一封未發出的信中再清楚不過地暴露出來。5月20日，林彪和周恩來會面，「談了黨內團結和相當於政治局以上人員的安全問題」。三天後，他給毛寫了一封信，陳述了同周談話的大意，「盼主席能找總理談一談，由總理採取落實的辦法」。[74] 信中，林彪先説文革已取得了偉大勝利，要鞏固勝利，就要貫徹九大的團結路線，保證批陳整風以後「黨中央和中央政治局在一個相當長的時期保持鞏固的團結，預防思想糊塗的人和冒險家採取意想不到的冒險行為，破壞黨的團結，導致秩序的混亂，引起國內國外的不良反應」。林想出的辦法是，「暫定十年之內，對現任中央政治局委員和候補委員的大軍區第一把手、第二把手，實行不逮捕、不關押、不殺、不撤職等四不」，並將這一規定傳達到「北京以至其他必要城市擔任衛戍部隊的每一士兵，要他們任

73　《周恩來年譜 1949–1976》下卷，第455頁；杜修賢：《林彪對毛澤東的「不辭而別」》，載《林彪反革命集團覆滅紀實》，北京：中央文獻出版社，1995年版，第63–72頁。

74　《炎黃春秋》2012年第1期，第26–27頁。

何時候不執行除主席以外的任何首長對相當於中央政治局以上人員的捉人、關人、殺人等命令」。林彪說，他之所以有這些想法，「是看了這次批陳整風會議文件，有的同志在擔心着安全問題，他們的心情是憂慮的，因而是值得重視和深思的」。

林彪寫好這封信後，卻沒有送出。為什麼？現在已經無從考察。但信的內容卻真切地透露了他當時極為複雜的心態。他提出的各項要求，從政治上看幾近幼稚。他在信中一面說，對此事要「絕對保密」，一面又建議，此決定「可以召集首都所有擔任警衛部隊的幹部開會宣佈，由他們口頭上或文字上傳達到每個士兵，並且每隔兩三個月重複向士兵傳達一次，十年不懈」。如此，哪裏還有什麼保密可言？他心中的恐懼一定達到了極致，以至於為了「自保」和安全，才會產生信中這些在現實政治中毫無可行性的想法。不管怎麼說，這已經活生生地暴露出林彪在政治上已陷入進退失據、不知如何辦理才好的境地。

但同時，令人嘖嘖稱奇的是，林彪可以想到要寫這麼一封信，卻不肯向毛澤東做檢討，而是堅持在現實政治中採取「三不」的「鴕鳥政策」。難道他不知道，這在毛澤東那裏是絕對通不過的嗎？說到底，這還是因為出於對毛澤東的認識，他想的是，若開始做檢討就如同打開了洪水洶湧而來的大門，離自己的沒頂之日也就不會遠了。

林彪是否考慮過急流勇退？問題的關鍵恐怕在於，他是否做得到急流勇退。文革中，林彪大肆吹捧毛澤東的同時，他自己受到的吹捧也達到無以復加的地步。他的一貫正確，同毛澤東的永遠正確被連接到一起，成為一把雙刃劍。這可以讓他變得極為安全，也可以使他的處境變得萬分危險。說到底，林彪是被歷史大潮推上了毛澤東接班人的「高位」的。這一位置，高則高矣，但歸根結底依然是毛澤東給的，也等於把林彪放在火上烤。對林彪來說，成亦為毛，敗亦為毛。最後，他不過

　　　　　　　　　　　文革政治史批判筆記

是毛澤東的一件犧牲品而已，只不過，比起文革中其他的犧牲品，他要大得多，也要更顯赫得多而已。

十四

1971年8、9月間，毛澤東離開北京，開始了又一次南巡之行。這時，毛澤東其實已經下決心要對林彪動手了。他面臨的問題，不是對不對林彪動手，而是怎樣對林彪動手，以及動手動到什麼程度。他此次南巡，因而看來有兩個目的。第一，是通過「御駕親征」，在經過各省市的軍政大員中動員、佈置、點火，讓他們動作起來，準備在九屆三中全會上對林彪發難、開火。第二，是附帶着也對林彪「敲山震虎」，看一看林彪和他那一幫人會有何反應。毛澤東在這裏表現出的，是一種對自己閱讀及掌控局勢的無與倫比的信心。他知道，自己是此中翹楚。幾十年來，從鬥張國燾，批周恩來，批王明、博古，批高崗，批彭德懷，批彭、羅、陸、楊，再到文革中批劉、鄧，他在黨內從無敵手。林彪又如何會在這個層面被他放在眼裏？歸根結底，林彪是他抬上去的，這幾年裏，他從未忽視牽制林彪的勢力。現在，真的要把林彪「拿下來」，他知道，他是做得到的。

毛澤東面臨的最大問題，不在於高層政治層面，而在於如何就此向普通民眾交代。文革中，剛剛打倒了劉少奇，已經宣佈過「團結」、「勝利」了，現在，又要打倒他自己冊封的「親密戰友」和「接班人」林彪，即使是毛澤東，要說出講得通的道理，也是不容易的。應該正是出於這些方面的考慮，毛澤東並不希望赤裸裸地拿下林彪，而是想以一種顧及林彪的「面子」——其實，這也是顧及他自己的「面子」——的方法，讓林彪從政治第一線上退下來。毛澤東離開北京後，一路

走，一路講話，明裏暗裏地抨擊林彪。他把九屆二中全會前後的一系列事情都串聯在一起，說：「廬山這件事還沒有完，還沒有解決」，「陳伯達後面還有人」。他們「是有計劃、有組織、有綱領的」，「綱領就是設國家主席，就是『天才』，就是反對『九大』路線」，他們「心中有鬼」。他的有些話，其實已講得再明白不過，「有人急於當國家主席，急於奪權」，矛頭已直指林彪。

到南巡後段，毛澤東的話也講得更清楚了，還索性多次直接點了林彪的名。「林彪同志那個講話，沒有同我商量，也沒有給我看。」「廬山這次鬥爭……他當然要負一些責任。」「我同林彪同志談過，他有些話說得不妥麼。」「什麼『大樹特樹』，名曰樹我，不知樹誰人，說穿了是樹他自己。還有什麼人民解放軍是我締造和領導的，林親自指揮，締造的就不能指揮呀！」「我就不相信我們軍隊會造反，我就不相信黃永勝能夠指揮解放軍造反！」他還把林彪下面軍委辦事組的一幫大將也帶進來一道批：「林彪不開口，這些人是不會開口的。」[75]

9月6日後，毛澤東在南巡途中一再點名批判林彪的事，也通過各種途徑傳到了林彪那裏。林彪本人的態度，同他自九屆二中全會以來的做法一脈相承，「聽天由命」。他本來就性格孤僻，幾乎從不外出。這時，更是一天到晚把自己關在透不進光亮的黑屋子裏，不知道在想些什麼。

但林彪之子林立果坐不住了。官史的敘述是：9月7日，林立果對「小艦隊」下達了「一級戰備」命令。第二天起，他又和小艦隊成員周宇馳等人一道想出，要在上海或蘇州附近用各種方法炸毀毛的專列，謀殺毛澤東，並同時在北京攻打江青、

75　《建國以來毛澤東文稿》第13冊，第242–250頁。

　　　　　　　　　　　　　文革政治史批判筆記

張春橋等居住的釣魚臺。與此同時，他還開始做萬一事敗後，讓林彪出逃及另立中央的準備。[76]

林彪對此是否知情？官方公佈的關於林案的證據中，有一份據稱是林彪9月8日寫下的「手令」，「盼照立果宇馳同志的命令辦」。但這份東西疑點甚多。首先，儘管林彪是「副統帥」，但並未真正控制軍權，要發動一場針對毛澤東的政變，僅憑這麼一份語焉不詳的手書，就能起到調動兵馬的作用？同時，這份東西居然還至少有兩份，除了後來周宇馳等出逃後被迫降的直升機撕毀的一份外，還在周宇馳老窩裏發現了另一份。林彪的手令難道如此不值錢，他會寫下幾份？而且，黃永勝、吳法憲、李作鵬、邱會作這幾位林彪麾下的「四大將」，對此更是一無所知。所以，隨着林彪事件的各種細節不斷浮現，不斷有研究者對這份「手令」的真偽提出質疑。有人認為，這份東西係林立果或葉群假託林彪之名偽造，這不是不可能的。

十五

毛澤東是搞政治的頭號高手，哪裏是林立果和他的「小艦隊」那麼幾個乳臭未乾的年青人對付得了的？他的南方之行本身，越到後來，也變得越是神出鬼沒。9月10日傍晚，毛澤東到達上海後，沒有進城，而是在停靠在虹橋機場附近的專列上過夜。第二天，他在車上見過當地負責人以及專門從南京趕來的許世友等之後，下午1時突然決定，要即刻離開上海，直接返回北京。[77] 9月12日中午，毛澤東的專車到達北京豐台車站。汪東興隨即打電話向周恩來報告，毛已回京。周恩來還感

76　《歷史的審判》，北京：群眾出版社1981年版，第40–42頁。

77　《毛澤東年譜 1949–1976》第6冊，第403頁。

到詫異，問汪東興：「怎麼不聲不響地就回來了，連我都不知道？」[78] 毛澤東隨即把李德生、紀登奎、吳德、吳忠等召到停在豐台的專列上談話，大談黨內路線鬥爭。又說，黑手不止陳伯達一個，還有黑手。[79] 直到下午4點多，他才回到中南海。

這一天，林彪一家正在北戴河。他們應該是在下午某個時候得到毛澤東已回到北京的消息的。此後十來個小時裏，圍繞着林彪發生的一切，尤其是他何以會出走並前往蘇聯的細節，也許是一個再不會水落石出的謎，永無徹底澄清的可能了。但是，在批判性的檢視現在可以看到的各種資料的基礎上，其中的一些關鍵性的節點仍可釐清。

林立果得知謀殺毛澤東的密謀失敗後，當即嚎啕大哭，情緒幾近崩潰。此後，他就和母親葉群一道，商量要乘坐當時林立果已調到附近山海關機場的256號三叉戟飛機，第二天和林彪一道前往廣州，在當地再圖有所作為，不行的話，就轉往香港。他也把這一計劃告訴了小艦隊另幾個成員。

但奇怪的是，據林彪身邊幾位親隨回憶，從下午直到晚上，林彪本人卻是出奇的淡定，並沒有顯出什麼焦慮不安的神態。他甚至還同葉群商量當晚要為女兒林豆豆和準女婿舉辦訂婚儀式，周圍的人也開始為此做準備。[80] 如果林彪真的捲入了林立果和「小艦隊」謀殺毛澤東的陰謀的話，或知道葉群和林立果要他馬上向廣州轉移的計劃，那他的反應真是超脫得不可思議！

事情在當晚10時前後，開始發生急轉直下的變化。晚10點左右，周恩來突然接到汪東興的電話：林彪的女兒林立衡隻身

78　汪東興：《毛主席於林彪反革命集團的鬥爭》，第197頁。

79　《周恩來年譜 1949–1976》下卷，第480頁；《毛澤東年譜 1949–1976》第6冊，第404頁。

80　李文普：《林彪衛士長李文普不得不說》，《中華兒女》1999年第2期。

到駐紮在北戴河的中央警衛部隊報告，林彪要出走。[81] 周接報後，當然會想到，這中間必然有大的蹊蹺，當即下令北戴河警衛部隊密切監視情勢發展。但他並未馬上採取其他行動。他有他的難處，畢竟，林彪還是副主席，他不能貿然行事。

這之後，周恩來又接到報告，得知北戴河附近山海關機場停靠着一架256號三叉戟飛機。晚11時半，周恩來接到葉群電話，説「林彪要動一動」。周問：是要「天上動，還是地上動？」葉答：「天上動」。周當即以「夜航不安全」為理由，要林不要動。之後，周立即致電李作鵬，下了一道命令：山海關機場的飛機不要動，要動，必須要由周恩來、黃永生、吳法憲、李作鵬四人一起下令。[82] 但周的這道命令其實有漏洞，關鍵在於，周當時根本沒有想到，僅僅10分鐘後，林彪、葉群、林立果等不顧警衛阻攔，從北戴河驅車前往山海關機場。9月13日凌晨0點32分，他們登上256號三叉戟飛機，在山海關機場強行起飛。

林彪何以會這麼做？當晚10時前後又發生了什麼？一種可能是，林立果因要父親移往廣州，最終還是將謀殺毛澤東之舉失敗之事告訴了他，使他產生了一種大禍臨頭的感覺，竟做出了倉皇出逃這一屬於下下策的決定。但也不能排除另一種可能。林彪女兒林豆豆一再陳述，當晚，林服下過量安眠藥，失去了自我判斷和自主行動的能力，是在葉群和林立果裹挾下外逃。[83] 此説無法完全證偽，但也有疑點。例如，據旁證，林彪是自己上的汽車，到機場後，又是自己從簡易舷梯爬上256號飛機的（若是他已失去自主能力，別人要把他弄上去還真不容

81　《周恩來年譜 1949–1976》下卷，第480頁。

82　《周恩來年譜 1949–1976》下卷，第481頁。

83　《林立衡關於「九一三」經過寫給中紀委的材料》，修改稿及謄清稿，余汝信編：《「九一三」回望——林彪事件史實與辨析》，香港：新世紀出版社2013年版，第9–127頁。

易）。再加上，還有林彪警衛參謀李文普的證詞：他親耳聽到林彪問，到伊爾庫茨克要多少時間，知道林彪要外逃後，才冒着生命危險從飛馳的林彪座車上跳下去的。但李文普是在林彪「出事」後，並非第一時間做出這一證詞的，能完全相信嗎？

歷史上，有着太多永無出頭之日的「謎團」，這是其中的一個。但不管真相如何，關鍵在於，林彪走了，走出的是最終導致自我毀滅的一步。

周恩來接到林彪座機強行飛離的報告後，立即向毛澤東報告，並請毛離開中南海住所，移往人民大會堂。[84] 同時，他下令，在全國範圍內關閉所有機場，禁止任何飛機起飛，並打開所有雷達，實行天空監視。他還要求控制中心調度用無線電呼叫256號飛機，要它飛回來，不論在哪裏降落，他本人「都到機場去迎接」。[85]

256號沒有回答。但它起飛後，行跡詭異，並沒有直接朝某一個方向飛去，而是在空中轉了一個極大的圈子，20多分鐘後才開始一直朝北飛去。我們永遠也不會知道，在這20多分鐘裏，飛機上究竟發生了一些什麼。起飛半個多小時後，256號已接近中蒙邊界，吳法憲打電話向周恩來請示，是否要派機攔截。周說，此事要向毛報告請示。毛答道：林彪還是副主席麼，天要下雨，娘要嫁人，由他去吧！[86] 不管毛當時是怎麼想的，他這個不把256號打下來的決定，事後看都是一個極高的「高招」。

凌晨1時50分左右，256號飛機飛越中蒙邊界，進入蒙古。

84　《毛澤東年譜 1949–1976》第6冊，第405頁；《周恩來年譜 1949–1976》下卷，第481頁。

85　《周恩來年譜 1949–1976》下卷，第481頁。

86　《毛澤東年譜 1949–1976》第6冊，第405頁。

十六

當周恩來得知256號飛機飛離國境的報告後，馬上去向毛澤東報告。然後，他把在京的政治局委員都召到人民大會堂，通報林彪外逃的消息。從凌晨起，一直到9月13日中午，周開始一個接一個地給全國11個大軍區和29個省市自治區的負責人打電話，通報林彪外逃的情況，只是在實在太累時才抽幾分鐘打個盹。周還向各軍區下令：部隊立即一律進入一級戰備，以應付一切可能發生的情況。對於黃、吳、李、邱等，他根據毛澤東「先看他們十天」的指示，採取的是盡力安撫他們的態度。[87]

正當周恩來為林彪出逃後形勢不明仍處於極度焦慮之中時，13日晚，他接到空軍司令部送來的一份「外情通報」：當晚18時04分，空軍截獲蒙古國一個雷達團團長向所屬各部發報稱。凌晨2時半，有一架不明作戰飛機在溫都爾汗東北60公里處着火掉了下來，蒙古國防部長下令從當日18時起進入一級戒備。周當即向毛報告，並附上自己的判斷，「也許三叉戟飛機逃出去後真燒死了，也許是敵人迷惑我們」。[88]

9月14日下午2時，外交部突然接獲中國駐蒙古大使館啟用專線電話傳來的緊急報告：蒙古外交部通報，中國一架飛機墜毀在蒙古溫都爾汗，機上人員全部遇難。[89] 周恩來接報後，急忙來到人民大會堂當面向毛澤東報告了這一消息。[90] 據邱會作回憶錄陳述，毛要汪東興向政治局傳達一句話：林彪幫了我

87　《周恩來年譜 1949–1976》下卷，第483頁。

88　《毛澤東年譜 1949–1976》第6冊，第406頁；《周恩來年譜 1949–1976》下卷，第482頁；《邱會作回憶錄》，第797–798頁。

89　《周恩來年譜 1949–1976》下卷，第482頁。

90　《毛澤東年譜 1949–1976》第6冊，第406頁；《周恩來年譜 1949–1976》下卷，第482–483頁。

一個大忙。[91] 但汪東興本人的回憶錄中並無此節，其他官史中也未提及此事。但不管麼說，這應該正是毛澤東當時的想法。林彪出逃確實為他自己被毛澤東「拿下」提供了最好的理由，也為毛澤東提供了一個在林彪問題上為自己「解套」的最好機會——一個可遇而不可求的機會。

不過，如果毛澤東真的以為林彪外逃並摔死在溫都爾汗給他解了套的話，那是大錯特錯了。毛澤東的宏大的革命事業，是一種信念和信仰。它的最大噩夢，就在於人們不再相信它的那一套了。在這方面，林彪事件對中國社會和普通民眾、尤其是對民心所向產生的衝擊之巨大，是無論怎麼表述恐怕都不為過的。

這之後，文化大革命又搞了五年，直到毛澤東逝世才正式結束。但實際上，隨着林彪事件的發生，文革在人們的心中已經死了！

91　《邱會作回憶錄》，第788頁。

第五章

無可奈何花落去

一

五十年過去了，我依然能夠清晰地記得那個聽到林彪「自我爆炸」消息的時刻及感受。

那時，在上海，我因為被當作「五一六嫌疑分子」受審查時「態度惡劣」，不寫一個字的「交代」和檢查，被關入上海市公安局長寧分局拘留所。經過四天絕食和一場幾百人參加的「專場批鬥會」後，我剛剛被放出來，但仍受到嚴密的「群眾監督」，心中真是充滿絕望。聽到林彪試圖政變並謀殺毛澤東，卻落個倉促出逃、機毀人亡的下場這一近乎天方夜譚的故事，極端震驚之餘，突然覺得，對於人生乃至個人命運的理解和以往不一樣了。曾經有過的對毛澤東的「繼續革命」偉業的種種「擺不上枱面」的疑惑，就在這一刻，居然覺得可以擺上枱面了，心中原本隱隱存在的罪惡感也消失殆盡。

突然記起，不久前讀過並大部分抄錄下來的《第三帝國的興亡》裏有一段引用的歌德的話：「一想起德國人民，我常常不免黯然神傷，他們作為個人來說，個個可貴，作為整體來說，卻又那麼可憐……」。又想到，《聖經》裏，猶大背叛後，耶穌被釘上十字架。這是救贖，也是自我救贖。

在中國現實生活中，毛澤東在官方表述中依然居於雲端之上，但在我們這些小人物的心目中，他的形象不僅落入人間，甚至開始墜入深淵。但後來看，這其實也是毛在我們心中的「重生」。

在這本小書裏，我不想重複很多其他學者，尤其是錢理群、朱學勤、秦暉、丁學良、宋永毅、印紅標等，[1]已經做過各種詳細討論的一個現象：在林彪事件發生後，文革期間就已在群眾運動洶湧浪濤的底下形成發展的民間「異端」思潮，紛紛湧出水面。各種飽含着質疑、挑戰、思索、追問的文字，也如春筍般在地下生長，遇有適當時機，便鑽出地面，四處蔓延開來，也向空中散發出一縷縷清新的氣息。那時，政治大環境依然無比壓抑，時光隧道也依然幾乎漆黑一片。它們點亮的雖然只是微弱的燭光，但卻在我們尚未死透的心中，燃起了對前路和未來人生的些許希望。

在我看來，正是在這裏，「後文革時代」的序幕已經拉開了。

二

文革結束後，復出後的鄧小平曾說過：沒有文化大革命，就沒有改革開放。[2]對這句話，可以從不同角度來看待。人們通常所取的視角是，「物極必反」，也就是說，如果沒有文革對毛時代各種問題的大暴露，也就不會有改革開放那樣的大變革。

1　在此，僅例舉我讀過並留下較深印象的幾篇：錢理群：《爝火不息 ── 文革民間思想研究筆記》，香港：牛津大學出版社2017年版；宋永毅、孫大進：《文化大革命和它的異端思潮》，香港：田園書屋1997年版；朱學勤：《書齋裏的革命》，長春：長春出版社1999年版；印紅標：《失蹤者的足跡 ── 文化大革命中的青年思潮》，香港：中文大學出版社2009年版，以及秦暉上載網上的一系列文章，等等。

2　孔丹：《四中與「西糾」往事》，載北島等編：《暴風雨中的記憶》，香港：牛津大學出版社2011年增訂版，第547頁。

我作為歷史學者的研究「專長」，被認為是中美關係史和國際冷戰史。我同意，沒有文革，我們所經歷的改革開放恐怕很難發生(但並非絕對不可能，只是會有很多不同之處)。但我覺得，幾乎所有的現有討論都忽略了非常基本的一點：林彪事件後，毛澤東和中共領導層以「中國人從此站起來了」為中心意象的「新中國」合法性敘述的內涵發生了變化。從蘇聯入侵捷克後毛和中共給「蘇修」扣上「社會帝國主義」的大帽子，到與林彪事件幾乎同時發生的中美關係解凍，構成「中國人從此站起來」的兩套話語 —— 一套強調共產主義的烏托邦想像，另一套則強調中國的崛起與富強 —— 出現了此消彼長的情況。其重心，越來越從前者(亦即烏托邦想像)轉向後者(亦即革命民族主義和愛國主義訴求)。在這方面，我認為，同林彪事件幾乎同步發生的另一重大變化 —— 中美關係解凍 —— 對文革本身的走向以及後來改革開放的發生有着極為重要的意義。就它與新中國國本敘述之間的關係和影響而言，甚至可以說，中美關係對改革開放的發生極為關鍵、甚至具有決定性的意義。

　　從表面上看，中美關係解凍同文革時期的政治話語和政治發展似乎格格不入。人們在討論中美關係解凍的緣由時，也往往多從「安全利益」或地域政治的角度來看待問題，強調的是中蘇交惡和中美持續對抗相結合所造成的中國安全環境嚴重惡化所起的推動作用。這樣的視角，本身沒有問題，但它不完全。它所忽略的，是毛澤東實現中美關係緩和動機中除國際戰略考慮外的深刻的國內原因：1969年中蘇邊境衝突後，中國在國際上確實面臨着極為嚴峻的安全局勢；但對毛澤東來說，更帶有根本性質的是，在國內，文化大革命走下坡路，他的「繼續革命」日益失去了來自普通人的內在支持。在這樣的大背景下，與美國關係的解凍不僅有助於改善中國的戰略地位，同時，通過精心策劃及操控的宣傳和陳述，「新中國」合法性敘

述的重心越來越從毛式「烏托邦想像」游離開去，朝着革命民族主義和愛國主義靠攏。如此，在毛澤東在文革大退潮、他的「繼續革命」論述再難以獲得來自普通民眾的「內在支持」的背景下，使得他仍能夠繼續向國人宣示，他們確實已經「站起來了」。

伴隨中美關係解凍而發生的，是中國內外國策的一系列改變。就毛澤東關於世界「主要矛盾」的定義而言，無論是出於重建「新中國」合法性敘述的需要，還是為了提出一種既與這種需要相契合又能讓中國應對國際挑戰的關於世界格局界定的新框架，他都有必要在理論上對美國及蘇聯在世界上的「定位」及其與中國的關係做出新的詮釋。在這一背景下，也是為了向中國人表明，中國仍扮演着改造世界的中心角色，並由此為自己已陷於失敗的「繼續革命」的合法性辯護，毛澤東在中美關係解凍後提出了「三個世界」理論。他說：「我看美國、蘇聯是第一世界。中間派，日本、歐洲、澳大利亞、加拿大，是第二世界。咱們是第三世界⋯⋯美國、蘇聯原子彈多，也比較富。歐洲、第二世界，歐洲、日本、澳大利亞、加拿大，原子彈沒有那麼多，也沒有那麼富，但是比第三世界國家要富⋯⋯亞洲除了日本，都是第三世界。整個非洲都是第三世界，拉丁美洲也是第三世界。」[3] 1974年4月，鄧小平又以中國代表團團長的身份在聯合國特別會議上發言，闡述了毛澤東的「三個世界」理論，強調第三世界是由亞、非、拉的廣大發展中國家所組成的。[4]

毛澤東的「三個世界」理論依然是對現存國際秩序的一種挑戰，但並不是他先前以「國際階級鬥爭」為中心所作的

3　《毛澤東外交文選》，北京：中央文獻出版社、世界知識出版社，1994年版，第600–601頁。

4　《人民日報》，1974年4月11日，第1版。

國際聲明的簡單重複。若加以比較的話，「三個世界」理論的關鍵字其實已經不再是毛澤東曾經最熱衷的「革命」，而是「發展」了。在相關的闡述中，毛澤東仍然使用了階級分析的詞彙，但就構成「三個世界」理論底蘊的基本問題意識（problematique）而言，他已將「發展」突出地列為中國和其他第三世界國家所面臨的最為重要的挑戰了。

中美關係解凍改變了中國所面臨的國際大環境。簡而言之，它對因全球冷戰而陷入深刻分裂的世界起到了重新塑造的作用。除了極大地改變了相互對抗的美蘇兩個超級大國之間的力量對比外，從一個更為深入的層面來看，它改變了冷戰的性質：自20世紀40年代中後期拉開帷幕以後，全球冷戰一直是共產主義和自由資本主義之間的一場有關意識形態、制度和人類基本生活方式的競爭和對抗。中美緩和的發生，模糊了社會主義和資本主義作為通向現代性的不同選擇之間的區別，也瓦解了前者關於國家計劃和統制型經濟是走向現代化的更為有效途徑的信念。所有這一切，難道不會反過來對中國自身走向現代性的道路選擇及界定產生巨大的作用嗎？

毛澤東從來沒有、也不可能提出「改革開放」的大戰略。然而，當他在三個世界理論中把「發展」——而不是「革命」——擺到這樣的中心地位時，作為曾是「革命國家」的中國和「外部世界」之間不可逾越的界限是否已經開始被侵蝕並打破了？這一切，對於後來改革開放發生的意義，應當是不言而喻的。[5] 但所有這一切，儘管毛並不自知，還不斷試圖對文革做出「三七開」的論定，但本質上卻已是對「文革」從根本上的一種否定。

5　據稱，鄧小平1979年1月訪美，曾在途中對隨行人員說，所有和美國搞好了的第三世界國家的現代化都成功了，而所有同美國搞不好的國家的現代化都是不成功的，我們要和美國搞好。對一位資深中共黨史專家的訪談，2008年8月。

二

實際上，就在中美關係解凍發生的幾乎同時，中共領導層討論通過並開始實行「四三計劃」：從西方國家進口總值達43億美元的成套設備和技術的計劃。

這件事的國內外背景和直接起始原因是：1971年下半年，基辛格於7月初秘密訪華並同周恩來會談，雙方宣佈，尼克松將於第二年訪華。10月，中華人民共和國在聯合國及安理會的席位恢復。與此同時，主要西方國家又都面臨着生產力過剩的矛盾。中國國內，農業生產長期「以糧為綱」，糧食產量沒有上去，棉花等原料供應卻一直緊張。要抓農業，化肥生產又跟不上去。

林彪事件發生後，毛澤東和周恩來談話時涉及了上述情況，周恩來幾次同主管國務院業務組日常工作的李先念談話，討論從西方國家和日本進口化纖成套設備技術等問題。[6] 1972年1月23日，李先念、華國鋒、余秋里聯名向周報送國家計委「關於進口成套化纖化肥技術裝備的報告」，提出要從法國、日本等進口總值四億美元的四套化纖新技術成套設備，兩套化肥設備，以及為改造擴建老廠所需的關鍵設備和部件。2月5日，周批示同意報告，並呈報毛圈閱批准。[7]

這件事開了一個頭後，各地都爭相要求把引進項目放在自己那裏，化纖化肥以外的行業也紛紛提出引進要求。國家計委

6　李先念傳編寫組：《李先念傳 1949–1992》，北京：中央文獻出版社2009年版，第763–764頁。

7　國家計劃革命委員會：「關於進口成套化纖、化肥技術設備的報告」，1972年1月16日，《黨史研究資料》第96輯（2004年第2期），第4–8頁；李先念、華國鋒、余秋里致周恩來函，1972年1月23日，同上，第8頁；《建國以來李先念文稿》第3冊，北京：中央文獻出版社2011年版，第158–159頁；《李先念傳 1949–1992》，第764頁。

又於1972年8月6日上送關於引進一米七軋機的報告，11月7日上送關於進口成套化工設備的報告。[8] 經國務院業務組通盤考慮及綜合平衡後，1973年1月2日，國家計委向國務院呈送「關於增加設備進口、擴大經濟交流的請示報告」，提出，為「引進新技術，支持農業，加強基礎工業和輕工業」，從國外引進二十六個技術設施項目，預計用匯總額43億美元。周很快批示同意，並報請毛批准。[9] 這就是「四三計劃」。後來，又經追加資金投入，用匯總額達到了51.8億美元。[10] 1970年代初，中國一年進出口總額只有不到50億美元，其中進口總額只有20億美元剛出頭。「四三計劃」實在是空前的大手筆。

乍一看來，這似乎是一件同文革「大潮流」不相符合甚至完全相悖的事情。它的發生，反映出的是文革歷史複雜的多重性質。同時，這裏似乎還傳送了另一重要信息：回過頭去看，文革前，當毛澤東一再提出資本主義已在蘇聯復辟、資本主義也有可能在中國復辟的時候，其中實際上已包含着一種關於資本主義強大和「無所不能」的力量的擔憂；毛澤東在有意無意或不由自主之間，也已透露出他對於社會主義現代性可能性和可行性的某種疑惑。儘管他為了發動文革，不斷強調「反修」、「防修」以及意識形態革命化的重要性及決定性作用，但他心裏其實知道，如果不把中國的經濟搞上去，不能趕上包括西方發達國家和已經「變修」的蘇聯及東歐國家，不僅他的

8　國家計委：「關於進口一米七連續式軋板機問題的報告」，1972年8月6日，《中共黨史資料》第90輯，第9–10頁；陳錦華：《國事憶述》，北京：中共黨史出版社2005年版，第10–14頁；《李先念傳 1949–1992》，第766–767頁；李先念年譜編寫組：《李先念年譜》第5卷，北京：中央文獻出版社2011年版，第208–209頁。

9　國家計委：「關於增加設備進口、擴大經濟交流的請示報告」，1973年1月2日，《中共黨史資料》第90輯，第12–19頁；《周恩來年譜 1949–1976》下卷，第570–571頁；陳錦華：《國事憶述》，第14–15頁。

10　陳錦華：《國事憶述》，第15頁；《中共黨史資料》第90輯，第24頁。

「繼續革命」的合法性會成問題，甚至連中國也可能在地球上被「開除球籍」。

這正是為什麼即使在文革最瘋狂的階段，「抓革命、促生產」的口號(這是文革前夕周恩來從毛澤東講過的話中「概括」出來的)也從未被放棄的一個深層原因。從根本上看，這還是因為，這個口號及相應的作為本來就是毛澤東「中國人從此站起來了」的「合法性聲明」的題中應有之義。從歷史發展的實際進程和效應來看，「四三計劃」的提出和實行，是中國實際上進入西方資本主義主導的「世界市場」的重要一步。它同後來的「改革開放」不可同日而語，但它是否是「改革開放」於1970年代後期起步的一個重要前奏？

還有一點也極重要。與上述相關，「新中國」的「國際身份」從現存國際體系體制(這仍然由美國及西方資本主義國際佔據主導地位)的「局外人」和挑戰者開始向着「局內人」轉變。因此，我曾在關於國際冷戰史的研究中一再提出並強調：對中國來說，冷戰在諸多關鍵意義上並非結束於1980年代末和1970年代初，而是在1970年代隨着中美緩和發生、尤其是後來鄧小平推動「改革開放」政策時，便已經結束了。

三

林彪事件後，文革乃至毛澤東「繼續革命」的合法性問題不可避免地一再擺到桌面上。立即結束文革，也成為從下到上的普遍呼聲。這是一個毛澤東不能不面對的大挑戰，也是包括周恩來在內的黨內上層很多人試圖利用的大機會。就連毛澤東本人也意識到，必須就文革這幾年的歷史對全黨和全國做出某種交代，也從路線的角度對林彪事件做出某種「定性」和解釋。由此，引出了1972年關於林彪問題的性質究竟是「極左」

還是「極右」的大爭論。它的開頭，是1972年5月到6月舉行的中央批林整風會。

　　5月3日，毛澤東召見周恩來，提出「同林彪反黨集團的鬥爭，是我黨路線鬥爭中最嚴重的一次」，中央要召開批林整風會。毛還要求周，結合自己的經歷，在會上「談一談黨內路線鬥爭的歷史」。[11] 周恩來立即採取主動，當天便主持召開中央政治局會議，通過《關於召開批林整風彙報會議的通知》。三天後，獲毛澤東批准。[12]

　　5月21日，批林整風彙報會議在北京開始，參加者有來自中央黨政軍各部門和全國各省、市、自治區領導人共三百餘人。周恩來主持會議並在第一次全體會議上講話，他說：「這次第十次路線鬥爭，主要矛頭就是要批判、揭露、粉碎林彪這個反黨集團」。參加會議的都是中共中高層幹部，他們中的大多數，都對林彪事件後的時局及黨的大政方針有着無數疑問。周恩來在會議第一天的發言中就試圖為林彪「定性」：「林彪那些極左的話，這個極左，就(是)形左實右。」[13] 這些話，其實也是他對毛澤東的一種試探。而這裏的實質，是一個周恩來和其他人不能不想，卻又只能由毛澤東來回答的問題：這一次，文革是否終於走到了頭？

　　會議期間，還有一個奇怪現象。在會議召開的幾乎同時，從5月中旬到6月上旬近一個月的時間裏，周恩來根據毛澤東的明確指令，一面籌劃主持會議，一面又花費大量精力，為再一次清算自己歷史上的「政治錯誤」做準備。從6月10日起，周

11　《周恩來年譜 1949–1976》下卷，第523頁；《毛澤東年譜 1949–1976》第6冊，第433頁。

12　《毛澤東年譜 1949–1976》第6冊，第433頁；《周恩來年譜 1949–1976》下卷，第523–524頁。

13　轉引自史雲、李丹慧：《難以繼續的「繼續革命」》，香港：中文大學出版社2008年版，第35頁。

恩來連續用三個晚上，在批林整風彙報會上做了「我們黨在新民主主義歷史階段六次路線鬥爭的個人認識」的檢查。他對中共歷史上1920、1930年代的六次路線錯誤，做了詳細講述和説明，並「結合個人親身經歷，對自己做了嚴厲的剖析乃至過份的檢討」。[14] 但他的講話中説得最明確、應該也是毛澤東最要聽的一句話是：「我不適於做第一把手」。[15] 會上，周恩來還根據毛澤東的要求，做了一個「關於國民黨造謠污蔑地刊登所謂伍豪啟事真相」的報告，並由中央辦公廳派專人錄音，再根據錄音整理出一份文字稿。[16]

毛澤東沒有到會上講話，也沒有對周恩來在會上的講話做肯定或否定的評價。他只是在周恩來做了關於伍豪啟事真相的報告後，指示中央政治局做出決定：稿子要由周本人簽字，再同錄音一道，交中央檔案館永久保存。[17] 此舉之意味，頗耐人思索。其中透露出的，仍然是毛澤東揮之不去的「身後焦慮」，以及文革最後幾年(也是毛澤東、周恩來生命的最後幾年)毛、周關係的複雜涵義。從大處來看，這也正是毛澤東的「文革」已完全陷入進退失據的境地在中共高層政治中的反映。

四

批林整風會開過後，如何為林彪問題「定性」之事仍未敲定。8月12日，周恩來對回國述職的大使和外事部門負責人做了一個長篇報告，循着自己在批林整風會上講話的思路又前跨一步，強調「極左」的危險性。他説：極左思潮是世界性的。中國國內有極左思潮，在我們鼻子下也有，外交部也有，駐外

14　《周恩來年譜 1949–1976》下卷，第529–530頁。

15　轉引自史雲、李丹慧：《難以為繼的繼續革命》，第36頁。

16　趙瑋：《西華廳歲月》，北京：中央文獻出版社2004年版，第211–212頁。

17　趙瑋：《西華廳歲月》，第211–212頁。

使館也有。極左思潮就是誇誇其談，不實事求是；就是形左實右。極左思潮不批透，右傾又會起來。[18] 周恩來這種關於「批林」的要害在於批「極左」的說法，隱約間也將矛頭指向了與「極左」肆虐其實是同義詞的文革本身。中共領導層內以江青為首的一批文革中急速崛起的人物，當即表示了反對意見。幾天後，張春橋、姚文元提出，批林「不要過頭」。[19]

自文革開始以來，周恩來同「文革派」在諸多具體問題和案例處理上出現過分歧，但大體上還能同他們共事相處。但這一次不同了，他是在一個帶有根本性質的問題上同他們發生了分歧，實際上也是同他們背後的毛澤東發生了分歧。後來看，正是在這裏，揭開了此後幾年間(直至周恩來逝世)江青等以毛為後臺，不斷給周恩來找麻煩，動不動就試圖拉開「批周」的序幕，也拉開了毛在1973年親自出馬策動並操縱「整周、批周」的序幕。但當時，這一點還不甚清楚。至少從表面上看，關於「批林」如何定性的問題，關鍵仍然在於毛澤東持何種態度。

事情很快有了新的發展。12月5日，《人民日報》副總編王若水給毛澤東寫了一封信，其中講到，一段時間以來，在批判極左思潮上周恩來與張春橋、姚文元存在着不同看法。他提出：「這就產生了一個問題，到底批左是過了頭，還是沒有批透？我覺得總理的指示是正確的。對春橋、文元同志的講話，我有些想不通。」[20] 這一次，毛澤東反應迅速。第二天，他約見江青，說：林彪歷史上一貫是右的。他要江青將王若水的信轉給周恩來、張春橋、姚文元三人，由他們一起找王談話，「解決這個問題」。[21]

18　《周恩來年譜 1949–1976》下卷，第541–542頁。

19　《毛澤東傳 1949–1976》，第1646頁。

20　王若水上毛澤東書，余習光編：《位卑未敢忘憂國 —— 文化大革命上書集》，長沙：湖南人民出版社1989年版，第178–180頁。

21　《周恩來年譜 1949–1976》下卷，第566頁。

12月19日，周恩來和江青、張春橋、姚文元一起接見王若水。周恩來順着毛澤東的表態説：「我講批極左思潮要批透，那是指外交政策，還有工作上的一些問題，不是講林彪的整個路線。林彪叛黨叛國，那是極右了。…… 我們沒有把林彪定性為『左』。至於表現形式，也是形『左』實右。」周又説：「把林彪説成無政府主義的代表也不對，林彪也有他的政府麼！……現在批林就是林彪的反革命，揭露他，這是批判的主要矛頭。」[22] 在這個關於林彪事件性質的問題上，江青、張春橋、姚文元佔了上風。這以後一系列批判「右傾」和「右傾翻案風」的言辭和運動 —— 包括批判周的「右傾」和「右傾投降主義」 —— 正是從這裏開始的。

五

如果説，「王若水事件」已透露出的毛澤東的「批周」意圖的話，那麼，這一點當時還不明顯。這裏的一個原因恐怕在於，毛澤東並不想在林彪的性質究竟是「極左」還有「極右」上同周恩來攤牌，並借此批周。用毛澤東自己的話來説，他身上不僅有「虎」氣，也有「猴」氣，他在任何涉及黨內政治鬥爭的問題上，都有着一種「閲讀」局勢及判斷利弊的超群卓絕的能力。從根本上看，毛澤東想到「批周」，固然是因為他已清楚地感到周恩來在理念上和自己的差異，用鄧小平的女兒鄧榕(毛毛)的話來説：「毛澤東對於周恩來，既離不開，又總不滿意，實質是覺得周的思想跟他不相容，太『右』。」[23] 但

---

22 陳揚勇：《重拳出擊：周恩來在「九一三」事件之後》，重慶：重慶出版社2006年版，第280頁。

23 毛毛：《我的父親鄧小平 —— 文革歲月》，北京：中央文獻出版社2000年版，第289頁。

在這一「感覺」的背後，還有毛澤東揮之不去的「身後焦慮」在作祟：他擔心的是，自己身後，周恩來會斷送他的「繼續革命」宏大事業(儘管這時他的「繼續革命」早已是病入膏肓，奄奄一息)。只是，這些話毛澤東實在不便直截了當地講出來。後來，他找了另一個「突破點」，用的又是和搞文革時既批「蘇修」又批蘇聯「搞大國沙文主義」、「要控制中國」的同樣手法。他在周恩來處理中美關係上找茬，給周扣上「右傾投降」乃至「賣國」的帽子。

1973年2月17日，毛澤東會見了又來中國訪問的基辛格，提出了一個「一條線」的想法：「要搞一條橫線，就是緯度，美國、日本、中國、巴基斯坦、伊朗、土耳其、歐洲。」[24] 6月5日，毛又在會見越南領導人黎筍、范文同時重申這一看法，並批評周恩來掌控下的外交部說「美國的戰略中心是在亞洲、太平洋」不對；美國「在歐洲、中東、還有美國本土，問題不少。它總要抽一部分兵力走，不能老在亞洲、太平洋。」[25]

毛澤東提出這樣的看法，其實還同他在不同場合提出並闡述自己的「三個世界」理論，對世界格局做出了「超越冷戰」的新界定有關。但別人並不見得一下子就能抓住其「要害」和「實質」——即使對於同毛澤東共事已達半個世紀之久的周恩來，恐怕也是如此。不過，當時周恩來還是想要盡力理解並跟上毛的思路。6月，外交部的一份內部刊物《新情況》刊登了一篇題為《對尼克松–勃列日涅夫會談的初步看法》的文章，認為美蘇簽訂防止核戰爭協定後，「欺騙性更大」，「美蘇主宰世界的氣氛更濃」。周恩來讀到簡報後，覺得「寫得不錯」，批示道：簡報所提出的問題「值得研究」。然而，當毛

24　毛澤東會見基辛格博士談話記錄，1973年2月17日。

25　毛澤東會見越南勞動黨中央委員會第一書記黎筍、政府總理范文同談話記錄，1973年6月5日。

澤東從唐聞生、王海容二人手裏拿到簡報後卻說，簡報存在嚴重問題。周恩來得知毛澤東的批評後，立即命令外交部撤回簡報，並表示：「這個錯誤主要責任在我」。[26]

周恩來本來以為，此事可以結束了，不料，毛澤東卻堅持「上綱上線」。7月4日，他約見張春橋、王洪文，再次批評153期《新情況》中對世界形勢的看法，並終於透出來自己「批周」的意圖：「近來外交部有若干問題不大令人滿意，我常吹大動盪、大分化、大改組，而外交部忽然來一個什麼大欺騙、大主宰。在思想方法上是看表面，不看實質。」他還點了周恩來的名：「凡是此類屁文件，我就照例不看，總理講話也在內，因為不勝其看。」[27] 隨後，他話鋒一轉，以周恩來為靶子提出：「結論是四句話：大事不討論，小事天天送。此調不改動，勢必搞修正。將來搞修正主義，莫說我事先沒講。」[28] 這幾句話(尤其是「將來搞修正主義」)說得極重，也成為毛澤東「身後焦慮」的活生生的寫照。在這種「焦慮」的聚焦鏡下，周恩來已成為毛澤東的矛頭之所向。

周恩來得知毛澤東的批評後，立即主持召開中央政治局會議，又一次承擔責任並在會上作檢討。會後，他給毛澤東寫信，再次檢討。三天後，毛澤東批示道：「檢討不要寫了」。[29] 這件事似乎就這樣過去了。但實際上，事情還遠遠沒有完。

到了11月，基辛格又一次訪華，期間，他一共同周恩來舉行了5次正式會談。11月12日，毛澤東會見基辛格，歷時長達2

26　《周恩來年譜 1949–1976》下卷，第603頁；《毛澤東年譜 1949–1976》第6冊，第484頁。

27　徐景賢：《徐景賢最後的回憶》，香港：星克爾出版公司2013年版，第299頁。

28　《毛澤東年譜 1949–1976》第6冊，第485頁。

29　《周恩來年譜 1949–1976》下卷，第604頁。

小時45分鐘，為他同美國人會見中從未有過之紀錄。會見中，基辛格對毛說：蘇聯「要摧毀你們的核能力。」又說：「我們認為，如果這種事情還是發生了，這會對我們所有人都產生嚴重後果，所以我們決心反對。」[1] 後來看，這其實是他在為提出「中美軍事情報合作」上的一項驚人提議做鋪墊。

11月13日深夜，基辛格同周恩來的正式會談結束後，又建議同周「單獨會談」，討論中蘇之間一旦發生戰爭時中美合作的問題。他向周恩來提出，美國願意幫助中國建立早期預警能力，在遭到蘇聯導彈攻擊時及時「獲得確切的警報」。他說，「關於導彈發射，我們有一個很好的衛星系統，可以提供預警。」他隨後建議：「在我們的衛星和北京之間建立一條熱線，通過它，我們可以在幾分鐘內就將信息傳遞給你們」。他還表示，美國願意「在北京和你們的基地之間有好的通訊設施」提供幫助。[2] 此時，已是14日凌晨，周恩來和基辛格商定，第二天早晨在基辛格離京前再見面。

這之後，周恩來做了什麼？事情變得撲朔迷離。一種相當流行的說法是，周恩來立即趕到毛澤東住處，準備向毛澤東彙報，但不巧的是，毛吃過安眠藥後已經睡下，周不敢打擾毛，因而也沒有當面向毛澤東彙報。但按照章含之根據喬冠華轉述而來的說法，周恩來其實是向毛澤東做了彙報並得到了毛表示「同意」的指示。[3] 11月14日早上，周恩來到賓館為基辛

---

1   Memorandum of conversation, Mao with Kissinger, November 12, 1973, 5:40–8:25 p.m., Foreign Relations of the University States, 1969–1976, Washington, DC: United States Government Pringting Office, 2007, XVIII, pp. 384. 基辛格上述最後一句話。同中方記錄有出入。中方的記錄是：「所以我們決心加以反對。我們已經決定不允許中國的安全遭到破壞。」見《毛澤東傳 1949–1976》，第1669頁。

2   Memorandum, Zhou with Kissinger, November 13, 1973, 10:00 p.m–12:30 a.m., Kissinger files, National Security Archive.

3   《章含之同志訪談記錄》，打印稿。在相關檔案文獻解密前，筆者傾向於認為，周恩來是向毛澤東彙報過此事的。說到底，以周的謹慎性格和政治敏感，

格送行時，兩人又摒退左右，只留下翻譯和速記，「一對一談話」。從美方解密的記錄看，周其實並沒有給基辛格一個肯定的答覆，他只是說，他和基辛格所談，「是一個十分具體和複雜的問題，所以我在同你們進一步協商前要對它進行研究。」兩人商定的是，雙方的討論在「具有權威的級別」進行。周恩來告訴基辛格：「除了你親自來以外，我們會通過聯絡處進行聯繫。就是這裏的布魯斯大使和那裏的黃鎮大使。」基辛格已準備好了協定草案，但周恩來沒有在上面簽字，而是告訴基辛格：「考慮到我們國家的性質，如果我們採取這種行動的話，會在國際上產生巨大影響。…… 如果不太方便的話，這件事可以等。」[4]

　　基辛格走後，中方再無人向美方提及此事。這件事也不了了之、再無下文。[5]

又在那種本已是「山雨欲來風滿樓」的情況下，不能想像他在這件大事上會擅自行事。如果說，11月14日凌晨他到毛住所時，由於毛澤東已經入睡而無法當面彙報，難道他會不留下任何交待便逕自離去？更何況，從基辛格離京到毛接見周並指示政治局開會討論此事，其間有三天時間，難道他在這幾天裏還會不向毛報告此事？再聯想到周在政治局會議上拒絕承認犯下了「喪權辱國」的錯誤，更說明他認為自己在這件事情上 —— 正如他11月17日給毛的報告中所言 —— 至多是「做得不夠」。

4　　Memorandum of Conversation, Zhou Enlai with Kissinger, November 14, 1973, 7:25–8:25 a.m., Kissinger files, National Security Archive.

5　　基辛格對此大惑不解，曾對筆者提起：1973年11月他從北京回美國後，他和周恩來討論之事再無下文，他就知道，中國方面「有事了」，只是不知道「出了什麼事」。（筆者就此事與基辛格的意見交換，2012年3月31日。）這件事上的另一疑點是，筆者遍查了美國國家檔案館、尼克松圖書館、國家安全檔案館以及維吉亞大學米勒中心總統錄音項目的相關材料，卻找不到基辛格訪華前就此事向尼克松總統請示的任何材料；在訪問結束後他給尼克松的報告中，對訪問過程及各次會談均有詳細概述，唯獨完全沒有提及同周秘密熱線問題的會談以及雙方關於後續步驟的約定。他本人對於此事也一直是諱莫如深，在他的幾本回憶錄和《論中國》一書中都完全沒有提及。

六

原來，這件事在北京掀起了一場特大風暴。毛澤東聽取關於周恩來和基辛格會談的彙報後，「雷霆震怒」，認定周恩來「說了錯話」。11月17日，他招來周恩來開會，說「不要受美國人的騙」，也「不跟他搞什麼軍事同盟那一套」。[6] 周恩來當晚就主持召開中央政治局會議，傳達毛的意見。江青當即發難，指責周是「右傾投降主義」。周一反常態，拍案而起，爭辯道：「我周恩來一輩子犯過很多錯誤，可是右傾投降主義的帽子扣不到我的頭上！」[7] 第二天，周恩來兩次向毛澤東書面報告政治局會議情況。在檢討時，他只是表示，自己在此次中美會談中「做得不夠」。[8]

11月18日，中央政治局會議傳達了毛澤東指示，要開會批評周恩來同基辛格會談時的「嚴重錯誤」。從11月21日至12月初，中共中央政治局連續開會，對周展開了上綱上線的全面批判。據章含之回憶，當時剛滿30歲、在毛澤東身邊任翻譯的唐聞生做了長達八小時的開場發言。周恩來等政治局全體委員們都坐在下面洗耳恭聽。毛澤東批周時說得最重的幾句話是：蘇聯要是打進來，周恩來就是兒皇帝！美帝要是打進來，周恩來就是投降主義！[9] 這些話份量極重，要將周恩來徹底打倒也綽綽有餘了。

之後，政治局委員們輪番向周恩來開炮，批判他在同基辛格的會談中「喪權辱國」，走「右傾投降主義」的路子。自延

6　毛澤東同周恩來談話記錄，1973年11月17日。轉引自李捷：「從解凍到建交：中國政治變動與中美關係」，宮力等編：《從解凍到建交：中美關係正常化再探討》，北京：中央文獻出版社2004年版，第274頁。

7　參見《章含之同志談話》（打印稿），第3頁。

8　《周恩來年譜 1949–1976》下卷，第634頁。

9　《章含之同志談話》（打印稿），第3頁。

安整風起，周恩來受到批判時，一直是先對批判全盤接受，再竭盡委曲求全之能事作檢討或自我批評。[10] 然而，面對「喪權辱國」的指責，他這一次卻一反以往的做法，拒不接受指控，也不肯按這個調子作自我批判，而只是反復強調「我不是投降派」。結果，在沒有得到毛澤東的進一步指示前，與會者只能不斷重複周是「投降派」的指責，而會議竟然到了不知如何開下去的地步。

就在會議陷於僵局時，剛剛復出並根據毛澤東指示列席會議的鄧小平發言。他沒有糾纏在周「喪權辱國」這一「滔天罪名」上，而是抓住周恩來未及時向毛報告的事由說：我們都說要向毛主席學習，但我們都知道，我們是可望而不可及；恩來同志，你也說要向毛主席學習，但你心裏卻以為，你是可望亦可及的。這就是你的問題癥結之所在。[11] 毛澤東要批周恩來，開始時同時具有路線及政治大節和組織上的涵義，經鄧講這一番話後，變成了純粹的「組織問題」。

鄧小平說周恩來有「取毛而代之」的心理，表面上看，似乎問題極為嚴重，但實際上並不至於置周於死地。歸根結底，誰不會想到，毛百年之後，周恩來若還活着的話自然而然地便有着「取而代之」的可能性。這並不一定是非份之想，從道理上來說，也是為黨章和黨內實踐所允許的。鄧小平發言後，江青等人拼命地跟進，要將「迫不及待」地想要「取而代之」的帽子扣到周恩來的頭上，意思是周要在毛澤東還健在時便準備「搶班奪權」，但這並不是鄧的本意，也不為周所接受。後來，就連毛澤東本人也對此予以否定。而「喪權辱國」的罪名就不同了。在愛國主義和革命民族主義早已成為中共及其國家

10　長期在周恩來手下工作的章文晉說，周恩來經常對他們說的一句話是：「多做工作，經常檢討」。

11　《章含之同志談話》（打印稿），第9頁。

　　　　　　　　　　　　　　文革政治史批判筆記

合法性敘述根基之所在的背景下，誰要是被確認從事了「喪權辱國」的勾當，那就只有落得像林彪那樣死無葬身之地的下場了。

看來，周恩來對於這裏的分寸和區別也是清楚的。鄧小平發言後，他於12月4日作了一個「上綱很高」的檢討，「內容就是他們要的那些東西」。[12] 當毛澤東得到唐聞生、王海容兩人關於鄧小平發言的報告後，顯得極為滿意，表示「我早就知道他會發言的」，並稱讚鄧小平在政治上就是比江青等人要技高一籌。這是因為，鄧的發言抓準的，正是毛的「身後焦慮」這個要害。[13]

幾乎一夜之間，風向轉了，毛澤東突然收起了「批周」的利劍。12月9日，毛澤東會見尼泊爾國王比蘭德拉和王后，見到作陪的周恩來後，同他「長時間熱烈握手」，又指着一同參加會見的唐聞生等對周說，「總理啊！現在的小將不好惹呢。把他們提起來，整了你自己，也整了我。」[14] 幾句話裏，毛澤東實際上為這一輪「批周」踩了剎車。但會見後，毛澤東在同周恩來和王洪文等談話又說：「這次會議開得很好」，也就是說，「批周」的大方向還是對的。毛還說：只是，「有人講錯了兩句話，一個是講『十一次路線鬥爭』，不應該那麼講，實際上也不是；一個是講總理『迫不及待』（要取而代之），總理不是迫不及待，江青自己才是迫不及待。」[15] 12月12日，毛澤

12　《章含之同志談話》（打印稿），第10頁；高文謙：《晚年周恩來》，紐約：明鏡出版社2003年版，第474頁。

13　毛毛：《我的父親鄧小平——文革歲月》，第287–289頁。

14　《毛澤東傳 1949–1976》，第1671頁。

15　「四人幫」倒臺後，鄧穎超向中央要求，銷毀周擔任中央專案組組長時處理劉案等的全部材料以及1973年11月－12月中央政治局擴大會議「批周」的全部材料。（參見徐景賢：《徐景賢最後回憶》，香港：星克爾出版社2013年版，第296頁。）其中，前一點可以理解，但為什麼鄧穎超會提出後面這一點？是否因為會上還涉及到了周的其他什麼「秘密」？由於會議原始文件可能已不復存在，這個問題也許永遠得不到答案了。

東親自主持召開中央政治局會議，又批評「政治局不議政」、「軍委不議軍」。他還警告説：「誰是真正願意打的，誰是要勾結外國人希望自己做皇帝的。如果中國出了修正主義，大家要注意啊！」[16]毛澤東等於是在説，這件事還拖着一條尾巴。

毛澤東掀起的這場「批周」風潮，來頭很大，聲勢很猛，卻落得這樣一種有始無終的結局，從中折射出來的，是他晚年面臨的一個始終存在、但即使憑藉他近乎無限的權力也無法解決的悖論：一方面，他絕不放心把權力以及自己所開創的「革命宏業」交到周恩來的手裏；但一方面，要使得他自己創建的中華人民共和國能夠運作下去，他又離不開周恩來。説到底，表面上看這似乎是毛、周關係，但實質上涉及的還是毛澤東與「建制」和建制力量的關係(而周恩來，則是建制力量的人格化)。文革中，毛澤東打倒這個，打倒那個，到頭來，卻還是沒有鬥過建制力量。而被打倒的那些人，也一個個地被「解放」了出來。

從另一視角看，這實際上是毛澤東本人及毛主義被「建制化」或被建制力量「社會化」的表現。毛澤東即使再有「虎氣」，但建制力量就像另一隻如來佛的手掌心，是他這個「猴子」無論怎麼折騰也跳不出去的。

七

然而，毛澤東依然不願就此結束文革。1974年元旦剛過，一場讓人一時間摸不着頭腦的「批林批孔運動」開始橫掃過中國城鄉。本來，林彪事件後，「批林」已成為中國政治話語的中心和「當紅」語彙。但到1974年，「批林」之外，怎麼又冒出了「批孔」？

---

16 引自程中原、夏杏珍：《歷史轉折的前奏：鄧小平在1975》，北京：中國青年出版社2003年版，第7–8頁。

此事的肇始，是1973年8月5日毛澤東和江青的一次談話。毛澤東講到：中國歷史上，「歷代有作為、有成就的政治家都是法家，他們都主張法治，厚今薄古；而儒家則滿口仁義道德，主張厚古薄今，開歷史倒車。」[17]江青不見得搞懂了毛澤東的用意，但她第二天就在政治局會議上轉述了毛的話。隨後，姚文元控制下的報刊上出現了一連串批孔的文章。北大、清華的一批教師根據毛澤東的指示清理林彪住宅時，又發現了不少關於林彪尊孔的證物，尤其是林彪手書的「悠悠萬事，唯此為大，克己復禮」的條幅。毛澤東進一步指示，要以「克己復禮」為中心，把林彪與孔子掛起來批判。[18]從毛的角度說，這正好說明，林彪企圖「復古」，因而在政治上屬於極右。這樣，「批林」和「批孔」開始連接起來。

在我看來，毛澤東之所以推出批林批孔，有着他的大設想。林彪事件後，文革走上沒落之路，不能不走向終結，但毛澤東又不甘心讓文革就這麼結束。通過批林批孔構成一種「革命仍在繼續」的氛圍，同時建立起某種鄧小平與江青等「文革派」結合後向後毛澤東及後文革時期過渡的權力架構，就是毛的應對招數。從組織上說，要讓這兩股力量聯繫起來，就要讓鄧小平和江青等在政治上聯手。由此決定，批林批孔同文革初期評《海瑞罷官》那齣戲有相似之處，都是造輿論，造政治氛圍；但也有很大的不同。評《海瑞罷官》是文革的開場戲；批林批孔，則應該是文革的收場戲，是為收兵而「鳴金」。

然而，江青卻把毛澤東的經唸歪了。本來，毛澤東是想把批林批孔當作一件關係到政治路線的大事來做的，但江青在實行中卻把它同反對「走後門」之類的問題放在一起來搞，讓毛難以按照自己的意思將路線問題和組織問題結合起來一道處

17　《毛澤東年譜 1949–1976》第6冊，第480頁。

18　他們整理出了《林彪與「孔孟之道」》。

理。毛對此極不滿意:「批林批孔,又夾着走後門,有可能沖淡批林批孔。」[19] 幾天後,毛澤東又寫信給江青:「你也是個大事不討論,小事天天送的人。請你考慮。」[20] 這是他後來批評「四人幫」的一個由頭。

1974年夏,毛澤東的身體狀況亮起新的警報:舌頭不靈,說話不清,口唇不能合攏,手腳無力,手掌和小腿肌肉明顯萎縮。中央調集各方專家會診。本來,醫生們懷疑毛得帕金森症已有好幾年了。但這一次經他們會診,毛得的病更為複雜刁鑽,是一種運動神經元症 —— 那是控制他說話、呼吸和手腳運動的神經細胞出了毛病,逐漸變質死亡。[21] 一般來說,這種病確診後,以後不會超過兩年。毛澤東知道,死亡離他已越來越近。他常說一句話:「閻王請我吃燒酒」。[22]

這一來,毛澤東為身後搭班子的事變得更為緊迫。他終於說出了為文革收場的話:「無產階級文化大革命,已經八年。現在,以安定為好。全黨全軍要團結。」[23] 這段話,中共中央是後來正式向全黨全國傳達的。從現實政治的層面看,毛澤東最想做成的,是以已經同意「改過自新」的鄧小平為軸心(但不是核心),結合文革派,建立起一種能夠包括並平衡黨內上層各派各種力量的權力架構。

但毛澤東當時看到的情況,卻是江青依然不理解他的苦衷,也搞不清他的想法。毛澤東當然知道,江青等人是最堅決、也最無保留地要按他的「革命路線」辦事的;在黨內最高層,他真正能夠全然信任的,恐怕只有江青這幾個人 ——

19　毛澤東批示,1974年2月14日,《毛澤東年譜1949–1976》第6冊,第520頁。

20　《毛澤東年譜1949–1976》第6冊,第523頁。

21　李志綏:《毛澤東私人醫生回憶錄》,第556頁;又參見《毛澤東年譜 1949–1976》第6冊,第539頁。

22　《毛澤東年譜1949–1976》第6冊,第545–546頁。

23　《建國以來毛澤東文稿》第13冊,第402頁。

畢竟，江青的政治地位與權力全部來自於她作為他的夫人的身份；所以，他們絕不會背叛他。然而，從政治才幹、謀略與個性來說，江青城府不深，有時又太過張揚，每每有令他失望的舉動。江青的做法，不僅把批林批孔所要強調的大問題引到岔道上去，也使得政治局內的力量對比發生不利於「文革派」的變化。

在此背景下，毛澤東一再在政治局會議上對江青等提出批評，要他們「不要搞成四人小宗派」，還要江青「不要設兩個工廠，一個叫鋼鐵工廠，一個叫帽子工廠，動不動就給人戴大帽子。不好呢，要注意呢。」[24] 這樣的話，毛澤東後來又幾次重複。「四人幫」這個名號，就是毛澤東那裏出來的。不然，別人還不好這麼說。但毛澤東講這些話，顯然並不是他對江青等人在政治上的否定。在黨內鬥爭中。毛澤東喜歡給人扣「主義」的帽子，並總是在帽子的使用上，同某種主義——修正主義、左傾或右傾機會主義、教條主義、宗派主義、經驗主義等等——掛起鈎來。但這一次，他沒有給江青等人扣上任何一頂這樣的帽子。他們的主要問題，是和別人搞不好團結。毛澤東在會上又說：對她(江青)要一分為二，一部分是好的，一部分不大好。說到底，毛澤東批評江青，着眼點不是路線問題。他的話中，有着一種「恨鐵不成鋼」的憂慮和感歎。

到1974年秋，中國高層政治的中心內容，圍繞着四屆人大的策劃，集中到了相關的政府人事安排問題上來。這是毛為身後權力安排走出的又一步，其中心，則是由誰來「組閣」，怎樣組閣。10月4日，毛明確指示：由鄧小平出任國務院第一副總理。[25] 這是他為建立以鄧為軸心的中央權力架構的又一重要步驟。但江青等人卻對這一點看不懂，也看不透；或者是，雖然看懂了，還是覺得非要爭一下不可。10月17日，中央政治

---

24 《毛澤東年譜 1949–1976》第6冊，第540–541頁。

25 《毛澤東年譜 1949–1976》第6冊，第549頁。

局開會，江青與鄧小平發生了衝突。此後，王洪文飛到長沙，向在那裏休養的毛澤東告狀，結果，卻在毛澤東那裏碰了個釘子。他要王洪文不要總是和江青搞在一起，「要跟小平同志搞好團結」，也要「多找總理和劍英同志談」。[26] 毛澤東固然是在批評王洪文；同時，其實也是在為他「出招」。

到了12月下旬，四屆人大的人事安排已到了最後敲定的時候。周恩來和王洪文同時飛到長沙見毛澤東。對於四屆人大的人事安排已有一定之規的毛澤東，對於王洪文的進言表現出很不耐煩的態度，甚至不等王全面托出自己的計劃和想法，毛就不想聽他講下去了。對於王搬出江青作為「護駕」，毛更是一副不高興的樣子，告訴王「四人幫不要搞了」。毛澤東還說：「中央就這麼多人，要團結。不要搞宗派，搞宗派要摔跤的。」[27]

毛澤東在見周恩來時敲定，「總理還是總理」，鄧小平除擔任先前已定下的第一副總理外，還將擔任中央副主席，中央軍委副主席，總參謀長。毫無軍隊經歷的張春橋，則出任排名第二的副總理和解放軍總政治部主任。[28] 這裏透露出來的，仍然是毛在政治上的平衡之道。

1974年12月26日，是毛澤東的81歲生日。27日凌晨，周恩來來到毛的住所，兩人獨處，作了徹夜長談。根據周後來在政治局會議上的傳達，毛澤東肯定了周恩來的組閣安排。但同時，他又對周大講了一番無產階級專政下繼續革命的理論，說，「中國屬於社會主義國家」，但還存在着「八級工資制、按勞分配、貨幣交換」等「資產階級法權」，「這只能在無產

26　《毛澤東年譜 1949–1976》第6冊，第662頁；《周恩來年譜 1949–1976》下卷，第679頁。

27　《毛澤東年譜 1949–1976》第6冊，第562頁：《周恩來年譜 1949–1976》下卷，第686–687頁。

28　《周恩來年譜1949–1976》下卷，第687頁；《毛澤東年譜》第6冊，第562頁。

階級專政下加以限制」。這是一個明確的信號：毛澤東同意做出的一切人事安排，仍然要在構成「文革」之根本的基本理論框架內行事，不可以丟掉的。後來，正是從這裏引出去，揭開了毛澤東生命最後一年裏最為重要的一頁：這一次的文革——第一次文革——雖然要結束了，但根據他的設想，今後，文革「七八年來一次」，還要搞多次。[29]

八

1975年初，四屆人大召開後，鄧小平開始掌握實權，成為實際上的「二把手」。這一年，也成為他推行「全面整頓」的一年。他學周恩來文革前整理提出毛的「備戰備荒為人民」指示的做法，也從毛澤東前一段講過的話中找出三句話，要學習理論、反修防修；要安定團結；要把國民經濟搞上去。他以此為據，打出了整頓要以毛澤東的「三項指示為綱」的旗號。[30]在這面大旗下，鄧小平在短短幾個月內，從「國民經濟大動脈」鐵路運輸入手，又同時對軍隊、國防科技、鋼鐵生產等一一實行整頓，並很快就取得了顯著的成效。其間，即使不斷受到「四人幫」的挑戰，鄧亦不為所動，反而以自己「鋼鐵公司」對付江青的「帽子公司」。一度，他甚至在毛澤東的支持下，迫使江青在政治局就自己搞「四人幫」的問題做了檢討。到了夏天，鄧小平全力開展的整頓更是達到了幾近雷厲風行的地步。

只是，毛澤東放手讓鄧小平這麼做，後來看，從一開始就

29　《周恩來年譜 1949–1976》下卷，第687頁；《毛澤東傳 1949–1976》，第1713–1714頁。

30　冷溶、汪作玲主編：《鄧小平年譜 1975–1997》上，北京：中央文獻研究室2004年版，第64–65頁。

有着相互關聯的兩個目的，一明一暗，緊密地交錯一起。明的是，毛澤東要為文革收場，就必須搞整頓，重建中共對整個國家機器以及中國社會的控制，同時，也把多年來停滯不前的中國經濟搞上去。説到底，毛澤東是相信「抓革命，促生產」的。他知道，中國經濟要是搞不上去，他的「中國人從此站起來了」的「合法性聲明」就站不住腳。暗的是，毛澤東其實比誰都知道的更清楚，權力最能讓人露出真面目。毛讓鄧小平「出馬」，可以借此進一步考察鄧，尤其是要看他大權在握時對文革的真正態度，是不是真的「永不翻案」。

所以，毛澤東實際上並沒有真正地放手。就在鄧小平開始推行「整頓」的幾乎同時，毛澤東要周恩來向政治局傳達的關於「理論問題」的指示，在四人幫的熱情推動下，正在膨脹發展為又一場遍及全國的運動。2月9日，《人民日報》發表了毛澤東圈閲批准的《學好無產階級專政的理論》的社論。18日，經毛批准，中共中央發出了《關於學習毛主席關於理論問題的重要指示的通知》。[31]

3月1日，張春橋提出，全國解放後，對經驗主義沒有注意批過。經驗主義是作為教條主義助手出現的。對經驗主義的危險，恐怕還是要警惕。[32] 4月5日，江青進一步提出，現在最大的危險不是教條主義而是經驗主義。[33]這裏，在他們的詞典裏，經驗主義這頂帽子，其實就是為周恩來乃至鄧小平特配的。張春橋和姚文元各有一篇大文章發表，大談「對資產階級的全面專政」和「林彪反黨集團的社會基礎」，儼然擺出了一幅繼續對輿論陣地的全面掌控的架勢。

夏天還沒有過去，一波「評《水滸》」、批判投降派的風

31　《「文化大革命」研究資料》下冊，第220頁。

32　《毛澤東年譜 1949–1976》第6冊，第574頁。

33　《毛澤東年譜 1949–1976》第6冊，第577頁。

潮又侵入了中國的政治生活。8月間，毛澤東在同被召來陪他讀書的北大中文教員蘆荻的談話中，講到古典小説《水滸》時説，「《水滸》這部書，好就好在投降。做反面教材，使人民都知道投降派。」[34] 8月14日，姚文元得知此事後給毛寫報告，表示「這個問題很重要」，「開展對《水滸》的評論和討論……對於反修防修，是有積極意義的。」毛澤東讀後，批示「同意」。[35] 秋風初起時，中國大地上浮現出了一種充滿吊詭怪異的政治氣氛：一方面，鄧小平仍在大張旗鼓地推動「全面整頓」；但另一方面，由中央報刊帶頭，通過評《水滸》，開始大批「投降派」，並揚言，要讓「大家知道我們黨內就是有投降派」。[36]

到了秋天，形勢終於進一步變化。毛澤東觀察鄧小平大半年後，開始改變先前對他的支持態度。一個重要的信號，是他換掉了自己同政治局的聯絡通道，把侄子毛遠新從遼寧調入北京，擔任了他和政治局之間的聯絡員，取代了此前幾年裏一直佔據着這個位置的「兩位小姐」（唐聞生和王海容）。毛大概覺得，她們走得離鄧太近了。[37] 毛遠新從小在毛家中長大，同江青關係還可以，但不算親近。文革中，他是遼寧的造反派，同江青的距離拉近了。毛遠新來到毛澤東身邊後，江青及四人幫可以同毛「講上話」了。

恰在此時，清華大學黨委副書記劉冰先後兩次寫信狀告從毛澤東身邊派到兩校的遲群和謝靜宜的狀，都通過鄧小平轉交毛。對第一份信，毛澤東沒有反應。第二封信，毛看後光火

---

34 《毛澤東年譜 1949–1976》第6冊，第603頁。

35 《建國以來毛澤東文稿》第13冊，第457頁；《毛澤東年譜 1949–1976》第6冊，第603頁。

36 《建國以來毛澤東文稿》第13冊，第459頁；《毛澤東年譜 1949–1976》第6冊，第607–608頁。

37 《毛澤東年譜 1949–1976》第6冊，第613頁。

了。11月1日，他召見鄧小平，批評鄧為劉冰等轉信的做法。[38]第二天，他又同毛遠新談話，當毛遠新說，鄧小平「很少講文化大革命的成績，很少提劉少奇的修正主義路線。我擔心中央，怕出反覆」，毛澤東說：有兩種態度，一是對文化大革命不滿意，二是要算賬，算文化大革命的賬。又說，小平偏袒劉冰，這是當前兩條路線鬥爭的反映。[39]

這之後，毛澤東幾乎是迫不及待地開始向鄧小平「叫板」。毛遠新等根據毛的指示找鄧談話，「幫助他」，主要是要他擺正對文革的態度，但談得不好。[40]毛澤東最後決定，不在各種「小事」上與鄧小平太多糾纏，而只要他做一件事：在政治局主持做一個關於文化大革命的決議。毛澤東還定下了「三七開」的調子，「總的看法是七分成績，三分錯誤」。[41]這是毛澤東同鄧小平的「攤牌之舉」。

但鄧小平思來想去，還是決定不做這件事。11月20日，他在中央政治局開會討論此事時，講了一通自己對文革偉大意義認識不足之類「自我批評」的話，然後說：由我主持寫這個決議不適宜，我是桃花源中人，不知有漢，何論魏晉。[42]據說，這是紀登奎給他出的主意。鄧小平的表態，固然讓毛澤東極為失望，但更讓他「看透」了鄧小平。正是在毛澤東最在意的一點上，鄧小平踩到了毛的痛處。幾年前，毛澤東讓鄧小平重新出山時，鄧檢討中最能抓住毛的一句話，是「永不翻案」。這時，毛澤東看穿了鄧小平：「說是永不翻案，靠不住啊！」[43]

38　《毛澤東年譜1949–1976》第6冊，第619頁。

39　《毛澤東年譜1949–1976》第6冊，第619頁。

40　《鄧小平年譜1975–1997》，第127頁。

41　《毛澤東年譜1949–1976》第6冊，第620–621頁。

42　《鄧小平年譜1975–1997》，第131–132頁；《毛澤東年譜1949–1976》第6冊，第625頁。

43　《毛主席重要指示(1975年10月–1976年1月)》。《建國以來毛澤東文稿》第13冊，第486–490頁，發表此件時，這句話被刪掉了。

這之後，鄧小平第二次被打倒其實已是在劫難逃了。

但鄧小平難道不知道這一點？據說，政治局會議前，鄧小平曾同周恩來、陳雲等商量，應如何應對。周恩來仍然勸他要「忍」，但鄧小平沒有聽。後來，鄧小平在1976年初「批判右傾翻案風」已經出臺時，寧願第二次被打倒，也絕不肯講出毛澤東所希望聽到的「文革三七開」的話。也許，這裏顯示出的是，鄧小平恐怕比周恩來看得更遠。他已說過一次「永不翻案」的話，他不想再說第二次。不然，毛澤東百年之後，他若在中國掌權，將何以面對文革這段歷史，又何以面對文革之後的未來？

如果這真的是鄧小平的算計，那他確實是「人才難得」！當時，在中國普通民眾心目中，鄧小平的形象和聲望，恰恰同他政治上再次「遭貶」形成了鮮明對照。他越是遭到批判，在人們的心目中反而越是「吃香」。相形之下，反倒是在「批鄧」中似乎佔據了上風及主導地位的「四人幫」，卻成為民間無數「流言蜚語」的攻擊對象。尤其是江青，即使以她毛澤東夫人及「文革旗手」的顯赫身份，也淪為「謠言」傳播中的頭號對象。仍然記得，聽到劉慶棠（芭蕾舞《紅色娘子軍》中洪常青扮演者）、浩亮（京劇演員，《紅燈記》中李玉和扮演者），甚至三屆乒乓球世界冠軍莊則棟（當時已是國家體委主任），能夠迅速「上竄」，都是因為他們是江的「面首」時，少有人感到驚奇，也絕不會去追究出處及真偽，謠言也繼續流傳開去。而從「民心向背」來說，這對「文革幫」的打擊幾乎是致命的。

後來，「上面」開始追查「政治謠言」時，大家又一道裝糊塗，一再問，「什麼謠言啊？」「說誰的？」本來，「謠言」內容是不可重述的，追查者也絕不熱心。於是，一來二去之下，就混過去了。

這一切的發生，並不僅僅是出於人們對江青或「四人幫」

的極度反感，更產生於對毛澤東的「文革」的絕望。「傳播謠言」，幾乎就成為無數小人物可以用來發洩內心憤懣的唯一手段了。

九

1976年，是文革的最後一年。中國社會真的是達到了天怒人怒的地步。

一過新年，1月8日，周恩來逝世了。毛澤東不僅沒有出席周的追悼會，甚至沒有到一到場，向周恩來的遺體告別。這是因為他的身體不好嗎？就在周恩來逝世一個半月後，他還接見來訪的前美國總統尼克松，會見時間長達1小時40分鐘。不管是出於什麼原因或理由，這都讓他犯了「眾怒」。四人幫，尤其是江青，在周逝世後的公開場合(包括電視鏡頭前)的一系列被視為「無動於衷」的動作和表演，更是在「眾怒」上火上加油。

這裏透露出來的，是毛澤東與中國社會和普通人的情感和生活經歷之間的深刻隔閡。毛澤東發動文革，曾以在億萬人「靈魂深處」鬧革命為號召和目標。但文革搞到1976年，卻已從千千萬萬普通人的心目中被排除出去，成為一種地地道道的「異己」的存在。

到4月，北京終於出了大事。一年一度的清明節來臨之際，人們聚集到了天安門廣場。他們所公開表達的，是一種普遍存在於千千萬萬普通中國人當中的情緒——一種植根於自己日常生活經驗的對於中國經濟發展停滯不前的深刻不滿；一種對於毛澤東的「繼續革命」加之於己的殘酷政治環境的強烈反感。人們在刻有周恩來手書碑文的人民英雄紀念碑周圍獻上了大量花圈、花籃、輓聯、詩詞和祭文。其中的一首詩中，出現了這樣的字句：

秦王的封建時代已經一去不復返了，

人民也不再是愚不可及！[44]

上述字裏行間，毛澤東的名字沒有出現。然而，讀着這首詩，人們卻不會不從背負着千古罵名的秦始皇，產生對「偉大領袖」的聯想。廣場上，人們大聲誦讀着這一首以及其他的相關詩文，口耳相傳之間，又將諸如此類的言辭和想法傳播到京城各處，乃至全國各地。在人民共和國歷史上，像這樣的矛頭直指「今上」的大規模群眾性抗議行動還是第一次。

年邁的毛澤東雖已病入膏肓，離開「去見馬克思」的時日已經不遠，但老人家的頭腦仍有清醒之時，立即使意識到了天安門所發生事件「犯上作亂」的「反革命」意涵。他在聽取了當時擔任中央政治局聯絡員的侄子毛遠新的彙報後，作出了對聚集在天安門廣場上的民眾實行武力驅散及鎮壓的決定。[45]

4月5日晚9時半，大批軍人、員警和民兵手持棍棒，開進廣場，毆打並驅散仍然留在廣場上的民眾，數十人遭到逮捕。到4月6日清晨，廣場已經被清空了，除了大批軍人和民兵以及執勤的公安人員外，只有幾輛清掃車在朝霞的映照下，緩緩地清除着殘留在地面上的血跡。

然而，這一切所帶來的只是一種極為膚淺的「政治穩定」局面，再也不可能重新激發起千千萬萬普通中國人對於毛澤東「繼續革命」的內在認同和熱情投入了。恰恰相反，天安門事件後，「政治謠言」更加肆無忌憚地四處流行，在普通人的心目中，文革的「合法性」已是蕩然無存。毛澤東恐怕也不能不承認，儘管他通過無產階級文化大革命在自己身上集中了無上

44　童懷周編：《天安門詩抄》，北京：人民文學出版社1978年版，第282頁。

45　《毛澤東年譜 1949–1976》第6冊，第645–646頁。

的權威和無限的權力，但他試圖將一種新的社會秩序加之於中國人心靈的宏大革命計劃，其實已經徹底破產了。

那些天，毛澤東反覆重讀庾信《枯樹賦》，尤其是吟誦其中的兩句：「臨風亭而唳鶴，對月峽而吟猿。」這其實正是毛澤東自己心境的真實寫照！

到了6月，毛澤東甚至說了一段至今還令人們爭論及討論的「遺言」：

> 「人生七十古來稀」，我八十多了，人老總想後事。中國有句古話叫「蓋棺定論」，我雖未「蓋棺」也快了，總可以定論了吧！我一生幹了兩件事：一是與蔣介石鬥了那麼幾十年，把他趕到那麼幾個海島上去了；抗戰八年，把日本人請回老家去了。對這些事持異議的人不多，只有那麼幾個人，在我耳邊嘰嘰喳喳，無非是讓我及早收回那幾個海島罷了。另一件事你們都知道，就是發動文化大革命。這事擁護的人不多，反對的人不少。這兩件事沒有完，這筆「遺產」得交給下一代。怎麼交？和平交不成就動盪中交，搞得不好，後代怎麼辦，就得「血雨腥風」了。你們怎麼辦，只有天知道。[46]

儘管華國鋒後來否認他曾聽毛澤東說過這番話。但我仍然相信，這番話絕對是他生命最後時刻內心煎熬的真實寫照。1976年夏，毛澤東看故事片《難忘的戰鬥》，看到解放軍入城的場景時，觸景生情，居然會嚎啕大哭起來！這時的毛澤東，已經成了真正的孤家寡人。

1976年9月9日，毛澤東逝世。不到一個月，四人幫就在一場現代宮廷政變中被捕下獄。毛澤東的文革，也以這樣的方式

46　《毛澤東傳 1949–1976》，第2750頁。

而結束，某種意義上，正應驗了他關於文革派將遭遇「腥風血雨」的預言。

　　只是，文革這樣的事件，還會像毛澤東所說，七八年再來一次嗎？落花流水春去也！

寫在結尾的話

　　半個多世紀過去了，「無產階級文化大革命」早已成為歷史。但對於像我這樣的親歷者來說，這是一場難以忘卻的噩夢，一段極為痛苦的生命時光；而到頭來，從倖存者的角度來看，這又是一種不可複製也絕不值得複製的人生歷練。

　　當這一切都化為「以往」時，我從一個歷史學者的視角，再回過頭去檢視及思索那段史事，不知已有多少回了。每一回，都會有一些新的發現、想法和感受。這本小書中所記述的，就是這些年來一些想法及筆記的彙集，多是以文革政治史為重點寫下的文字，實在算不得一篇關於文革政治史批判的「綜合研究」。同時，文革經濟史、社會史、思想史、文化史等，雖有涉及，但並非這本小書的關注重點。把這些文字拿出來，既是為了拋磚引玉，以促進討論，促發進一步的思考；更是為了讓那一段無比慘痛的歷史，不被忘卻。

　　根據毛澤東瀕臨「人之將死」時的說法，文革要「七八年再來一次」。文革結束已經四十年多了，那麼，按照他的想像，中國應該又經歷過五、六次文革了。歷史已經證明，那是空想、夢想和臆想。然而，在我們每日每時的生活中，文革的幽靈卻依然四處出沒，它的巨大的陰影更不會輕易消逝。要去除它，首先必須直面它。即使是毛澤東，一方面他決不可能被

「複製」或「再生」；但另一方面，在多種意義上，他又無處不在。聚集在他身上的，是中國革命時代巨大的正面及負面的記錄及遺產，仍然有待不斷清理。其中，文革為各種負面記錄及遺產之最，更是絕對輕視忽略不得的。

而今天，文革批判比過去四十多年間的任何時候都更為急迫、更有必要。這首先是因為，今天的中國和世界都處在歷史轉折的又一個關鍵性的時刻，又到了必須作出關鍵性選擇的關頭。四十多年前，當中國展開「改革開放」的宏大歷史進程時，一個基本的前提，就是對於文革的批判和否定，以及與此相關的由批判並否定「兩個凡是」所釋放出來的「思想解放」的淘湧潮流。這一切，是我們這一代人曾親身經歷過的。四十多年後，再回過頭去看，可以說，改革開放的一切建樹，乃至一切局限和一切缺憾，又都是同文革批判的深度和廣度及其局限性分不開的。

改革開放四十多年來，中國及中國社會的變化是巨大的，早已越過了走回頭路、讓「文革再來一次」的臨界線。尤其是，伴隨着一個日益壯大並多樣化的中產階層(或「中等收入階層」)的出現，人們的觀念和思想，特別是關於「權利」和「權力」及其相互關係的界定，早已出現了實質上多元化的局面，再也回不到可以由威權力量或權勢人物「一言九鼎」說了算的局面(不管他們主觀上如何看待此事)。「主流」意識形態和「主流」話語之外，各種非主流乃至被視為「妄議」的反主流的言論和文字，在一個信息流通高度發達的時代，早已成為阻擋不住的洪流。朝野之間對一系列基本問題的感受和看法，存在着諸多分歧，不少還極為尖銳。然而，至少從言辭和說法上來看，人們似乎在一點上多少存在着某種共識，那就是：中國改革開放的進程不能停滯或夭折，而必須不斷深化並持續向前推進。

問題在於，何為改革開放的「持續推進」？如何才能真正做到改革開放的「持續推進」？像四十多年前改革開放最初起步時一樣，文革批判仍然極為重要、極為關鍵。四十多年過去了，文革作為歷史，離我們越來越遠。然而，文革的亡魂不死，卻越來越多地重新在中國政治及社會生活中再現乃至肆虐，也成為改革開放能否深化並持續前行的諸種障礙中最大的之一。

　　由此決定，文革批判又成了中國社會能否前行、如何前行的一個重要的關節點。文革批判這件事，做不做，怎麼做，是真假改革開放的試金石，也是真正意義上的改革開放能否前行的關鍵。如果文革批判不能堅持並深入下去，甚至持續地被擱置乃至徹底丟棄，那麼，不僅改革開放的「持續推進」根本無從談起，甚至連中國的前途乃至世界的發展前景恐怕也會蒙上極為濃重的陰影。

　　所以，寫了這本小書，以期為文革批判的深入推進、為中國改革開放宏大歷史進程的持續前行，聊盡綿薄之力。

陳兼
2021年晚春記於北美綺色佳

重要人物名錄

（以中文姓名或譯名拼音為序）

阿尤布 · 汗 Ayub Khan

比蘭德拉 King Birendra of Nepal

博 古

波德納拉希 Emil Bodnăraş

勃列日涅夫 Leonid Brezhnev

布魯斯 David Bruce

曹荻秋

陳伯達

陳丕顯

陳 毅

陳 雲

陳再道

遲 群

儲安平

鄧小平

季米特洛夫 Grigor Dimitrov

董加耕

杜布切克 Alexander Dubček

杜 馬 Aurel Duma

范文同 Pham Van dong

傅崇碧

高 崗

宮本顯治 Kenji Miyamoto

關 鋒

浩 亮

賀 龍

赫魯曉夫 Nikita Khrushchev

科瓦廖夫 Ковалёв

胡 風

華國鋒

黃克誠

黃永勝

黃 鎮

霍普森 Donald Hopson

紀登奎

基辛格 Henry Kissinger

蔣介石

江 青

康 生

柯慶施

李 德 Otto Braun

李德生

李富春

黎 筍 Le Duan

李文普

李先念

李作鵬

梁漱溟

林 彪

林立果

林立衡 (林豆豆)

劉 冰

劉慶棠

劉少奇

劉 源

陸定一

蘆 荻

羅隆基

羅瑞卿

毛岸英

毛遠新　　　　　　　　　　　　吳 德
毛澤東　　　　　　　　　　　　吳法憲
蒙哥馬利Bernard Montgomery　　吳 晗
聶榮臻　　　　　　　　　　　　吳 忠
聶元梓　　　　　　　　　　　　謝富治
尼克松 Richard Nixon　　　　　　謝靜宜
彭德懷　　　　　　　　　　　　邢燕子
彭 真　　　　　　　　　　　　許世友
戚本禹　　　　　　　　　　　　徐向前
錢學森　　　　　　　　　　　　楊成武
喬冠華　　　　　　　　　　　　楊尚奎
邱會作　　　　　　　　　　　　楊尚昆
饒漱石　　　　　　　　　　　　姚登山
任弼時　　　　　　　　　　　　姚文元
師 哲　　　　　　　　　　　　余立金
斯大林Joseph Stalin　　　　　　　余秋里
斯 諾 Edgar Snow　　　　　　　　約翰遜Lyndon B. Johnson
粟 裕　　　　　　　　　　　　章伯鈞
譚震林　　　　　　　　　　　　張春橋
唐聞生　　　　　　　　　　　　張國燾
陶 鑄　　　　　　　　　　　　張聞天
田家英　　　　　　　　　　　　章含之
汪東興　　　　　　　　　　　　鍾漢華
王海容　　　　　　　　　　　　周恩來
王洪文　　　　　　　　　　　　周小舟
王 力　　　　　　　　　　　　周 揚
王 明　　　　　　　　　　　　周宇馳
王若水　　　　　　　　　　　　朱 德
溫玉成　　　　　　　　　　　　莊則棟

主要徵引和參考書目

中文書目（根據作者姓名拼音字母順序排列）

北島等編：《暴風雨中的記憶》，香港：牛津大學出版社2011年增訂版。

卜偉華：《「砸爛舊世界」——文化大革命的動亂和浩劫》，香港：中文大學出版社2008年版。

陳曉農編：《陳伯達遺稿——獄中自述及其他》，香港：天地圖書公司1998年版。

陳曉農編纂：《陳伯達最後口述回憶》，香港：陽光環球出版公司2005年版。

陳永發：《中國共產黨革命七十年》，臺北：聯經出版公司2001年修訂版。

陳永發：《延安的陰影》，臺北：中央研究院近代史研究所1990年版。

陳揚勇：《重拳出擊——周恩來在「九一三」事件之後》，重慶：重慶出版社2006年版。

程中原、夏杏真：《歷史的轉折——鄧小平在1975》，北京：中國青年出版社2003年版。

叢進：《曲折發展的歲月》，鄭州：河南人民出版社1989年版。

傅高義：《鄧小平時代》，香港：中文大學出版社2011年版。

高華：《歷史筆記》兩卷本，香港：牛津大學出版社2014年版。

高華：《紅太陽是怎樣升起的》，香港：中文大學出版社2000年版。

高文謙：《晚年周恩來》，紐約：明鏡出版社2003年版。

《關於建國以來黨的若干歷史問題的決議》，中國共產黨第十一屆中央委員會第六次全體會議通過，1981年6月27日。

國防大學黨史黨建教研室：《「文化大革命」研究資料》，北京：國防大學1988年。

韓少功：《革命後記》，香港：牛津大學出版社2014年修訂版。

胡喬木：《胡喬木談中共黨史》，北京：人民出版社1999年。

紀東：《難忘的八年——周恩來秘書回憶錄》，北京：中央文獻出版社2007年版。

紀希晨：《史無前例的年代——一位人民日報老記者的筆記》，北京：人民日報出版社2001年版。

金春明：《「文化大革命」史稿》，成都：四川人民出版社1995年版。

金大陸：《非常與正常——上海「文革」時期的社會生活》，上海：上海辭書出版社2011年版。

李可、郝生章：《「文化大革命」中的人民解放軍》，北京：中國黨史資料出版社1989年版。

李遜：《革命造反年代——上海文革運動史稿》，香港：牛津大學出版社2015年版。

李作鵬：《李作鵬回憶錄》，香港：北星出版社2011年版。

林蘊暉：《烏托邦運動——從大躍進到大飢荒》，香港：中文大學出版社2009年版。

林蘊暉：《向社會主義過渡》，香港：中文大學出版社2009年版。

劉青峰編：《文化大革命：史實與研究》，香港：中文大學出版社1996年版。

劉武生：《「文革」中的周恩來》，香港：三聯書店2006年版。

毛澤東：《建國以來毛澤東文稿》13冊本，北京：中央文獻出版社1987–1998年版。

聶元梓：《聶元梓會議錄》，香港：時代國際出版公司2005年版。

潘鳴嘯：《失落的一代——中國的上山下鄉運動 1968–1980》，香港：中文大學出版社2009年版。

逄先知、馮蕙主編：《毛澤東年譜 1949–1976》第6卷，北京：中央文獻出版社2013年版。

逄先知、金沖及主編：《毛澤東傳 1949–1976》，北京：中央文獻出版社2003年版。

戚本禹：《戚本禹回憶錄》，香港：中國文革歷史出版社2016年版。

錢理群：《毛澤東時代和後毛澤東時代》，臺北：聯經出版公司2013年版。

錢理群：《爝火不息——文革民間思想研究筆記》，香港：牛津大學出版社2017年版。

錢庠理：《歷史的變局——從挽救危機到反修防修》，香港：中文大學出版社2008年版。

邱會作：《邱會作回憶錄》，香港：新世紀出版社2011年版。

沈志華：《思考與選擇——從知識分子會議到反右派運動》，香港：中文大學出版社2008年版。

史雲、李丹慧：《難以為繼的「繼續革命」——從批林到批鄧》，香港：中文大學出版社2008年版。

《思潮集》、《思潮集續》（油印本），上海市上海中學1968年。

司任主編：《「文化大革命」風雲人物訪談錄》，北京：中央民族學院出版社1994年版。

宋永毅、孫大進：《文化大革命和它的異端思潮》，香港：田園書屋，1997年版。

宋永毅主編：《中國文化大革命文庫》《中國反右運動數據庫》《中國大躍進、大飢荒數據庫》

宋永毅主編：《文化大革命：歷史真相和集體記憶》，香港：田園書屋2007年版。

宋永毅主編：《文革五十年——毛澤東遺產和當代中國》，紐約：明鏡出版社2016年版。

汪東興：《毛澤東與林彪反黨集團的鬥爭》，北京：當代中國出版社1997年版。

王力：《王力反思錄》，香港：北星出版社2001年版。

王力：《現場歷史 —— 文化大革命紀事》，香港：牛津大學出版社1993年版。

王年一：《大動亂的年代》，鄭州：河南人民出版社1989年版。

韋君宜：《思痛集》，北京：十月文藝出版社1998年版。

吳法憲：《歲月艱難 —— 吳法憲回憶錄》，香港：北星出版社2006年版。

蕭冬連等：《求索中國 —— 文革前十年史》，北京：紅旗出版社1999年版。

蕭軍：《我的文革檢查：蕭軍自訟錄》，香港：牛津大學出版社2016年版。

徐景賢：《徐景賢最後回憶》。香港：星克爾出版有限公司2013年版。

徐景賢：《十年一夢》，香港：時代國際出版有限公司2003年版。

徐友漁：《形形色色的造反》，香港：中文大學出版社1999年版。

嚴家其、高皋：《文革十年史》，天津：天津人民出版社1986年版。

楊繼繩：《天地翻覆 —— 中國文革大革命史》，香港：天地圖書2016年版。

楊克林編著：《文化大革命博物館》，香港：東方圖書、天地圖書1996年版。

楊奎松：《忍不住的「關懷」 —— 1949年前後的書生與政治》，南寧：廣西師範大學出版社2013年增訂版。

楊奎松：《革命》四卷系列，南寧：廣西師範大學出版社2012年版。

印紅標：《失蹤者的足跡 —— 文化大革命中的青年思潮》，香港：中文大學出版社2009年版。

余汝信編：《「九一三」回望 —— 林彪事件時勢與辨析》，香港：新世紀出版社2013。

張春橋：《張春橋獄中家書》，香港：中文大學出版社2015年版。

張化、蘇采青主編：《回首文革》，北京：中央黨史出版社2000年版。

張素華：《變局 —— 七千人大會始末》，北京：中國青年出版社2006年版。

趙園：《非常年代 1964-1978》，香港：牛津大學出版社2019年版。

鄭謙、張化：《中華人民共和國史 1966–1976》，北京：人民出版社2010年版。

鍾延麟：《文革前的鄧小平》，香港：香港中文大學出版社2013年版。

朱學勤：《書齋裏的革命》，長春：長春出版社1999年版。

朱永嘉：《巳申春秋 —— 我對文革初期兩段歷史的會議》，香港：大風出版社2014年版。

英文書目

Barme, Geremie R. *Shadow of Mao: The Posthumous Cult of the Great Leader*. Armonk, NY: M. E. Sharpe, 1996.

Barnouin, Barbara and Yu Changgen. *Zhou Enlai: A Political Life*. Hong Kong: The Chinese University Press, 2006.

Cheek, Timothy. *A Critical Introduction to Mao*. Cambridge, UK: Cambridge University Pres, 2010.

Chen Jian. *Mao's China and the Cold War*. Chapel Hill, NC: University Press of North Carolina, 2001.

Ci Jiwei. *Dialectic of the Chinese Revolution: From Utopianism to Hedonism*. Stanford, CA: Stanford University Press, 1994.

Clark Paul. *The Chinese Cultural Revolution: A History*. Cambridge: Cambridge University Press, 2008.

Dirlik, Arif, Paul Healy, Nick Knight. *Critical Perspectives on Mao Zedong Thought*. Atlantic Highland, NJ : Humanities Press International,1997.

Esherick, Joseph W., Paul G. Pickowicz, and Andrew G. Walder, eds. *The Chinese Cultural Revolution as History*. Stanford, CA: Stanford University Press, 2006.

Ezra Vogel. *Deng Xiaoping and the Transformation of China*. Cambridge, MA: Harvard University Pres, 2013.

Gao Wenqian. *Zhou Enlai: The Last Perfect Revolutionary*. New York: Public Affairs, 2007.

Gao Yuan. *Born Red: A Chronicle of the Cultural Revolution*. Stanford, CA: Stanford University Press, 1987.

Jin Qiu. *The Culture of Power: The Lin Biao Incident in the Cultural Revolution*. Stanford, CA: Stanford University Press, 1999.

Joseph, Williams A., Christine P.W. Wong, and David Sweig, eds., *New Perspectives on the Cultural Revoluiton*. Cambridge, MA: Council on East Asian Studies, Harvard University, 1991.

Kraus, Richard Curt. *The Cultural Revolution: A Very Short Introduction*. New York: Oxford University, 2012.

Li Zhisui. *The Private Life of Chairman Mao*. New York: Random House, 1994.

MacFarquhar, Roderick, and Schoenhals, Michael. *Mao's Last Revolution*. Cambridge, MA: Harvard University Press, 2006.

MacFarquhar, Roderick. *The Origins of the Cultural Revolution 1: Contradictions Among the People 1956–1957*. New York: Columbia University Press, 1974.

MacFarquhar, Roderick. *The Origins of the Cultural Revolution 2: The Great Leap Forward, 1958–1960*. New York: Columbia University Press, 1983.

MacFarquhar, Roderick. *The Origins of the Cultural Revolution 3: The Coming of the Cataclym, 1961–1966*.

Meisner, Maurice. *Mao's China and After: A History of the People's Republic*. New York: Free Press, 1986.

Perry Elizabeth, and Li Xun. *Proletarian Power: Shanghai in the Cultural Revolution*. Boulder, CO: Westview Press, 2000.

Rittenberg, Sidney, and Amanda Bennett. *The Man Who Stayed Behind*. New York: Simon & Schuster, 1993.

Robinson, Thomas W., ed. *The Cultural Revolution in China*. Berkeley: University of California Press, 1971.

Schoenhals, Michael. *China's Cultural Revolution, 1966–1969: Not a Dinner Party*. Armonk, NY: M. E. Sharpe, 1996.

Schwartz, Benjamin I. *China and Other Matters*. Cambridge, MA. Harvard University Press, 1996.

Shram, Stuart. *The Thought of Mao Tse-tung*. Cambridge, UK: Cambridge University Press, 1989.

Teiwes, Frederick C, and Warren Sun. *The End of the Maoist Era: Chinese Politics during the Twilight of the Cultural Revolution, 1972–1976*. Armonk, NY: M. E. Sharpe, 2007.

Teiwes, Frederick C, and Warren Sun. *The Tragedy of Lin Biao: Riding the Tiger during the Cultural Revolution, 1966–1971*. London: Hurst, 1996.

Thornton, Patricia M. 'The Cultural Revolution as a Crisis of Representation.' *The China Quarterly*, No. 227 (October 2016), pp. 697–717.

Wakeman, Frederic, Jr. *History and Will: Philosophical Perspectives of Mao Tse-tung's Thought*. Berkeley and Los Angeles, CA: University of California Press, 1973.

Walder, Andrew G. *Fractured Revolution: The Beijing Read Guard Movement*. Cambridge, MA: Harvard University Press, 2009.

Wang Shaoguang. *Failure of Charisma: The Cultural Revolution in Wuhan*. Hong Kong: Oxford University Press, 1995.

White, Lynn T. III. *Politics of Chaos: The Organizational Causes of Violence in China's Cultural Revolution*. Princeton, NJ: Princeton University Pres, 1989.